国外人士看新时代

主编 于海青

中国
迈向现代化建设
新征程

[西班牙] 胡里奥·里奥斯 著

罗慧玲 译

图书在版编目(CIP)数据

中国:迈向现代化建设新征程/(西)胡里奥·里奥斯著,罗慧玲译.—重庆:重庆出版社,2024.4
ISBN 978-7-229-18270-0

Ⅰ.①中… Ⅱ.①胡… ②罗… Ⅲ.①现代化建设—研究—中国 Ⅳ.①D61

中国国家版本馆CIP数据核字(2024)第013248号

中国:迈向现代化建设新征程
ZHONGGUO: MAI XIANG XIANDAIHUA JIANSHE XINZHENGCHENG
[西班牙]胡里奥·里奥斯 著   罗慧玲 译

责任编辑:徐 飞 谭翔鹏
责任校对:何建云
装帧设计:李南江

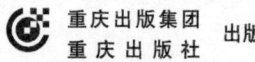

重庆出版集团 出版
重庆出版社
重庆市南岸区南滨路162号1幢 邮政编码:400061 http://www.cqph.com
重庆出版社艺术设计有限公司制版
重庆恒昌印务有限公司印刷
重庆出版集团图书发行有限公司发行
E-MAIL:fxchu@cqph.com 邮购电话:023-61520678
全国新华书店经销

开本:787mm×1092mm 1/32 印张:5.25 字数:90千
2024年4月第1版 2024年4月第1次印刷
ISBN 978-7-229-18270-0
定价:42.00元

如有印装质量问题,请向本集团图书发行公司调换:023-61520678

版权所有 侵权必究

总 序

党的十八大以来，中国特色社会主义进入新时代，以习近平同志为核心的党中央，统筹国内国际两个大局，团结带领中国人民取得了社会主义现代化建设的巨大成就，创造了令世界惊叹的发展奇迹，谱写出人类进步史上的辉煌篇章。新时代中国的发展，铸就了21世纪世界发展的精彩华章；新时代中国特色社会主义的伟大成就，使中国成为世界社会主义的引领旗帜和中流砥柱；新时代中国始终不渝做全球发展的探索者和引领者，为解决世界难题贡献了中国智慧，为人类对更好社会制度的探索贡献了中国方案；新时代中国在推进马克思主义中国化时代化中激发中华优秀传统文化的生机与活力，使中华文明焕发蓬勃生机，创造了人类文明新形态，为人类文明进步作出巨大贡献。新时代中国取得的巨大成功，不仅在中华民族发展史、中华人民共和国发展史上具有重大意义，而且在世界社会主义发展史、人类社会发展史上也具有重大意义。

中国共产党在领导人民推进社会主义现代化建设的进程中，走出了一条中国式现代化道路。新时代中国以巨大的成就、广泛的影响、显著的优势彰显了通过中国式现代化道路创造的人类文明新形态。中国式现代化道路的开拓，为广大发展中国家走向现代化提供了典范样本和全新选择。中国式现代化道路是基于自身的经济社会条件、历史文化传统、基本价值诉求、现实发展逻辑作出的选择，具有鲜明的中国特色、民族特质、时代特性。中国式现代化是人口规模巨大的现代化，是全体人民共同富裕的现代化，是物质文明和精神文明相协调的现代化，是人与自然和谐共生的现代化，是走和平发展道路的现代化。新时代中国以高度自信的精神状态展现了中华文明的当代形态、社会主义文明的中国形态、人类文明的崭新形态，打破了"西方中心主义"文明观的思维束缚，有力驳斥了"文明冲突论""历史终结论""社会主义失败论"。新时代中国坚持既不输入别国模式,也不输出中国模式,始终高举和平、发展、合作、共赢旗帜,奉行独立自主的和平外交政策,坚持走和平发展道路,推动建设新型国际关系,维护国际关系民主化,推动构建人类命运共同体,做世界和平的建设者、全球发展的贡献者、国际秩序的维护者,以中国的新发展为世界提供新机遇。

当前,走近世界舞台中央的新时代中国与21世纪的世界融为一体,中国的发展在造福本国人民的同时,为世界发展进步作出越来越大的贡献。当今世界是开放的世界,中国的发展离不开世界,世界的发展更需要中国。纵观人类社会发展史,从原始封闭的民族历史向广阔的世界历史转变以来,开放性是人类社会的基本特征,全球化是世界发展的必然趋势。中国发展、中国奇迹、中国道路、中国之治正引起国际社会越来越多的关注和研究。随着国际格局的调整、世界局势的变迁、全球秩序的嬗变,中华民族在迎来从站起来、富起来到强起来的历史飞跃中日益走近世界舞台中央,实现中华民族伟大复兴进入了不可逆转的历史进程。中国在解决人类难题、全球问题、时代课题中承担更加重要的角色,提出了一系列新思想新理念新倡议，为建构国际政治经济新秩序、塑造全球治理新格局，发出了中国声音、彰显了中国担当、贡献了中国智慧、提供了中国方案。观察和理解中国，需要坚持历史思维和全球思维，树立大历史观，从历史长河、时代大潮、全球风云中分析演变机理、探究历史规律、提炼经验启示。

中国特色社会主义新时代取得的历史性成就和发生的历史性变革，中国式现代化道路坚持既发展自身又造福世界，令世人瞩目、引各国关注，并赢得国际社会的认可和赞赏。世界不同国家和地区的有识之士对新时代中国给予了高度关注并进行了深入研究。为了集中系统呈现国外专家学者关于中国特色社会主义新时代的研究成果和主要观点，推动开展对比研究，同时推进国际社会更加全面客观地认识中国，由中国社会科学院国际合作局、马克思主义研究院策划，马研院国外马克思主义研究部具体协调沟通，中国社会科学院国际合作局、世界社会主义研究中心、马克思主义理论学科建设与理论研究工程提供出版资助，组织国外专家学者撰写"国外人士看新时代"系列小丛书。丛书作者来自世界各国各地区，从多学科、多维度、多层面对习近平新时代中国特色社会主义思想、中国特色社会主义新时代进行了分析评价。

参与撰稿的专家学者中，有的长期从事中国问题研究，对当代中国有着深刻的了解，以客观公正、科学严谨的态度探讨了中国奇迹产生的内在逻辑、中国之治形成的制度基础、中国道路开创的历史规律。该丛书的出版，对于讲好中国故事、展示中国形象、传播中国声音具有重要的借鉴意义。我们衷心希望通过"国外人士看新时代"小丛书这个思想交流平台，推动建构新型国际关系、新型党际关系，推动构建人类命运共同体，为中华文明与世界各国文明的互学互鉴、为中华民族伟大复兴与人类社会发展进步贡献智慧力量。

编　者
2021年11月

目 录

总序 / 001
绪论 / 001

第一章　不断发展的意识形态 / 010

第二章　独具特色的政治 / 021
第一节　概念上的创新 / 022
第二节　组织管理：代表大会和全体会议 / 024
第三节　依法执政 / 034
第四节　把腐败关进牢笼里 / 041
第五节　中国的领土问题时间表 / 045
第六节　"第五国际联盟" / 052

第三章　最前沿的经济 / 056
第一节　五年规划的镜像 / 063
第二节　另一种全球化是可能的 / 076

第三节　面向全球化的参与者：从接收者到投资者的转变 / 081
第四节　"十四五"规划（2021—2025）的前期辩论和基本
　　　　方针 / 086

第四章　一个更有主人翁意识的社会 / 090
第一节　克服不平等，消除差距 / 090
第二节　主要的人口挑战：从户口到独生子女 / 095
第三节　消除极端贫困 / 100
第四节　环境改善 / 106

第五章　"百年未有之大变局"下中国的对外政策 / 114
第一节　中国在全新世界舞台上的影响 / 118
第二节　全球秩序的变革力量 / 129
第三节　推动多边主义的努力 / 133
第四节　中国与欧盟的战略自治 / 137

第六章　迎接挑战的安全与国防 / 140
第一节　对地区事务的忧虑 / 144
第二节　避免冒进，冷静行事 / 150

结论 / 153

绪 论

中国正处于现代化进程中的关键时期。中国人民经过数十年艰苦卓绝的努力,终于使这个泱泱大国几近恢复昔日的荣光。如果说,18世纪末、19世纪初的历史危机致使中国未能搭上工业革命的快车,两次鸦片战争又使其不再占据国际体系的中心地位,那么,当下的经济和技术革命则正昭示着她的回归。

19世纪末以来,中国的各种社会运动和政治力量都在力图找寻通向现代化的正确途径。但是,直到1949年中华人民共和国成立以后,现代化建设才步入持续发展之道。在新中国成立伊始,中国的国内生产总值仅相当于1890年的水平,新政权所面临的是一个贫困落后的农业社会,连年战争(包括常年内战和抗日战争)使得国家满目疮痍,重建之路任重而道远。尽管如此,在新中国成立后,历经沧桑的中国已跃居世界经济排行榜的第32位；而自2011年起，中国已稳居世界第二经济大国之位。论及所占比重，1960年中国国内生产总值（GDP）占世界的4%；根据世界银行的数据，这一比例在2013年则攀升至20%左右。国际货币基金组织及一些专家预测，到2050年，中国的GDP将占全球的40%，而美国则会缩减到14%。若按人均GDP计算，中国的人均GDP在1978年为美国的4%，现如今则已超过美国的20%。

这一巨变正是在中国共产党的领导下实现。1921年，中国共产党成立于当时上海的法国租界。革命胜利后中国共产党的首要任务就是使国家摆脱帝国主义和殖民主义的枷锁；另一个更为艰难的使命是铲除根深蒂固的封建制度，要知道，它对中国社会的影响累月经年，历经皇朝更替，直到20世纪都未断绝。由此可知，中国共产党在国家转型的过程中实施了多少大刀阔斧的改革。

当代中国的发展可分为三个阶段：第一阶段为1949年至1978年，其众多政策特点主要体现在经济及意识形态领域，尽管过程历经曲折和矛盾，但中央政策的革故鼎新作用仍然可圈可点。这一阶段以毛泽东为领导核心,我们称之为社会主义革命和建设时期。第二阶段为 1978 年至 2012 年,我们可以称之为改革开放和社会主义现代化建设新时期,在其各项政策之下,中国的改革开放事业蓬勃发展。

在这两个阶段中,中国共产党需要着力解决的是人民日益增长的物质文化需要同落后的社会生产力之间的矛盾。

目前所处的第三阶段始于 2012 年,是对新形势的回应。在 2012 年 11 月 15 日于北京召开的中国共产党第十八届中央委员会第一次全体会议上习近平当选为中央委员会总书记,标志着国家的发展进入了一个新阶段,为实现社会主义现代化指明了历史目标和前进方向。习近平新时代中国特色社会主义思想激励着中国结束长期衰弱、推进社会发展、实现国家繁荣,使中国成为国际体系中的重要一环。

如果说,毛泽东让中国站起来了,邓小平让中国得到了发展,那么习近平的愿望则是为中国自 19 世纪末以来的探索画上一个圆满的句号,通过不懈努力使中国融入世界发展不断走近国际舞台的中心。

习近平从各个方面全方位地整合了中国的政治资源。自从担任国家最高领导人职务后,习近平在经济、国防、社会、外交等各方面都表现出了长远眼光和务实行动。他坚持不懈地推行反腐工作、针对一些悬而未决的重大问题制定解决方案等，都标志着1978年以来的改革进程经历了一个新的节点。

所有这些都是基于对新形势的判断，中国举国上下正面临着不可多得的机遇，以实现原有的社会主义现代化梦想。习近平新时代中国特色社会主义思想被纳入了《中国共产党章程》和《中华人民共和国宪法》，综合了以上所述的愿望，并赋予其意识形态色彩及理论框架，必将为未来几十年的中国政治提供思想源泉。

习近平新时代中国特色社会主义思想的产生与以下几个关键因素紧密相关：

第一，发展模式的快速转变。习近平提出的"新常态"即表明要有意地放缓经济增长速度，由以往的两位数高速增长转变为更高质量的发展。目前，需要促进关键领域的发展，关注以前未得到充分重视的社会和环境方面，把改革开放向纵深推进。即便在经济增长放缓的情况下，我们仍需看到，中国的 GDP 总量目前占世界的近 20%。根据多种预测，到 2025 年，中国的 GDP 将很可能与美国相当，而到了 2045 年，将可能会是美国的两倍。

第二,结构模式的持久性。发展模式应当调整,但其中的某些因素却必须保留。其中,值得特别注意的是公共财产和私有财产之间的关系。坚持混合所有制经济的定位,坚持党和国家对于战略部门的控制权。这一点并不妨碍私有经济继续在国民经济中发挥重要作用。1978年,中国的国营企业占国民经济的79%;而2017年,私有经济的比重已达国民经济的69%。根据2018年的统计数据,私有经济占据城市就业的80%、国内生产总值的60%、税收的50%以上、资本投资的60%以上。近几年来,在习近平的领导下,中国共产党已经在近70%的私营企业及混合所有制企业中设置了党委,以确保企业的发展符合国家利益。

第三,技术推手。中国不仅仅想甩掉"世界工厂"的帽子,也想成为世界科技的重要中心。《中国制造2025》计划中的具体行动正是为了保证在未来的几十年里,中国在关键技术领域始终处于领先地位,以打破西方的垄断。中国共产党已经意识到,技术自主是实现远大目标的重要一环。

当前中国的数字经济产值大于法国或英国的

GDP，且是由国内企业引领（百度、阿里巴巴、腾讯、小米等）；另外，还有京东商城、淘宝等电商巨头的深度参与。世界上 2/3 的人工智能在中国得到应用，无人机及人脸识别技术中国更是独占鳌头。2018年的研发投资占到了国内生产总值的 2.18%，在该年度全球创新指数排名第 17 位。

第四，建成小康社会。几十年来，中国的经济发展和社会公平程度并不协调。新的增长模式将消费纳入发展因素之中。在教育、卫生、改善分配及养老等领域均应加大资金投入。发展道路上的中国，消费对 GDP 的贡献率正在不断提高，2018 年已经达到了 76.2%。

第五，政治改革。这里要提及两个普遍的道理：一方面，对一切西方自由主义的意识形态采取明确抵制的态度，绝不让步；另一方面，建立一个法治国家，为中国共产党的执政合法性奠定新的基础，这一执政基础将不再取决于革命行动或发展政策的制定，而仅仅是因法律使然。中国共产党领导下的法治国家不同于以三权分立为基础的政治框架，而是由《中华人民共和国宪法》赋予其执政合理性。也正因如此，新时代的中国才极其强调宪法的地位。中国的全面依法治国内含中国传统的法家思想理念,是依法执政的动力,是中国共产党在国家政治事务上始终起到领头作用的保证。

究其关键,还是取决于中国共产党在两方面的巩固。首先是以前所未有的决心坚定地推行反腐工作,不仅仅是对腐败分子进行惩治,更是通过建立制度从根本上来遏制腐败。从这一意义上来讲,设立国家监察委员会、加强中共中央纪律检查委员会的职能,正表明了强化各级纪律监督、以制度为"准绳"、细化规则均具有突出的意义。同时,重拾意识形态问题的重要性,在政治话语中时常贯穿对于马克思主义中国化的新解读。

第六,参与国际事务。近年来中国逐渐展现出积极的外交态度,作为全球第二大经济体,已经开始满怀雄心地将其影响力扩展到国际事务及外交领域。面对贸易保护主义的抬头,中国则坚持更具包容性的新式全球化,它不仅以促进贸易为基础,而且着眼于发展基础设施的建设,更大范围地融入了环境、技术、社会等因素。这一方略的集中体现就是2013年正式开始实施的"一带一路"倡议,它极大地促进了中国、亚洲、欧洲与非洲之间在运输、能源及贸易等各领域的沟通互联,目前其影响已经覆盖了全球。

最后,国防能力的提高也值得着重一提。习近平对深化国防和军队改革提出指导性意见。中国人民解放军实施了自1949年以来最大规模的军队改革,军队精简的目的明确:使解放军能打仗,打胜仗。尽管早在20世纪60年代,周恩来总理就已提出"四个现代化"中的国防现代化,但时至今日,国防力量的增强却可能让人们想到"修昔底德陷阱"的理论,从而对霸权的更替所引发的国际冲突产生恐惧。根据格雷厄姆·艾利森(Graham Allison)的研究,在过去500年间世界上的16次霸权交替中,有12例是伴随着战争的。不过有一点值得注意:即便中国投入了较大的努力,但其国防能力与该领域的主要竞争对手——美国相比,仍相去甚远。

总而言之,在习近平新时代中国特色社会主义思想的规划中,将要实现经济发展模式的转变,使中国成为世界一流的技术强国。建成小康社会,以减少贫富差距。依法治国,坚持中国共产党的领导,不放任自由主义的发展。习近平领导下的中国也愿意参与一种更加包容、不仅限于贸易层面的新式全球化;使世界走向多极化。习近平曾一再表示,中国在前进的道路上不会谋求霸权。

中国在实现宏观目标的同时,各种严峻的挑战也纷至沓来。内部的结构改革必须克服根深蒂固的阻力,领土、社会、环境及人口方面也有诸多难题需要克服。从外部环境来看,无论是在经济秩序还是安全领域,人们的担忧也在日益增长。美国已将习近平新时代的中国定位为战略对手,似乎已抱定对中国采取持续的遏制政策,其中包括实行贸易战以及对中国周边海域增强军事压力等。

中国共产党必须以极大的决心处理好新冠肺炎疫情所带来的紧张局势,这一突如其来的流行病正警示着历史进程的复杂性,以及在实现伟大既定目标的过程中所面临的困难。

第一章
不断发展的意识形态

在2012年习近平担任中国共产党中央委员会总书记后不久,便提出了中国梦的重要指导思想和重要执政理念。中国梦具有丰富的内涵,其中各个方面紧密相联、有机结合,包括了振兴国际形象、告别历史创伤、建成小康社会、实现民生福祉、促进民族和谐、全面发展经济、振兴科学技术、重视环境保护、加强对话机制、争取国际认同等。它既体现了中国人民长期以来的内心渴望,又是对中国近百年来的历史经验总结,更凝聚着中国人民在寻求社会主义现代化的道路上的艰难探索,寄托着对中华民族在未来的某个时期内复兴往日荣光的希望。中国梦是一份热切而持久的渴望，汇集了几代人的心愿，绝不是乌托邦式的幻想。

在上述关乎政治、经济、历史、社会、国际关系等诸多方面的议题中，意识形态都占有一席之地。如若缺乏明确的意识形态表述，我们就不能称中国——或其他任何国家——为强国，即便她在其他领域（无论是经济还是军事）的实力已有显著的提升。我们需要知道自己信仰什么，并在这些价值观、原则和理想中获取自我认同。这也正是彰显我们身份的标识，令我们在世界上展示自身的独特性。

可以说，中国人渴望国家富强、社会正义、经济发展、科技进步、环境可持续发展、在国际秩序中占据重要地位，正所谓人之常情。

习近平提出的中国梦思想在意识形态层面主要有两个表现：第一，文明的诉求。即伴随着身份认同的进步，在传统与现代之间建立稳固的平衡。凝聚着文明积淀的综合体，既与西方文明有别，同时又对传统文化保持传承与审视。在外界看来，这与儒家思想及其德行紧密相连。因此，不同于停滞、僵化地对待传统文化的态度，国家希冀的是传统文化在新时代继续发挥其积极作用。

　　第二，从中国独特的历史经验中汲取教训，走出一条有中国特色的社会主义道路。当前的多样性意味着多种选择，既不是简单地照搬西方的政治制度，也不是完全将其排除在外。随着中国未来在国际舞台的政治分量与日俱增，这第二点的重要性也愈加凸显。中国需要根据过去几十年来充分的转型经验，设计出符合国情的社会经济体系。另一方面，西方民主政权也面临着恶化的困境，由于大经济体怀有资本持续积累的野心，故而经常为民主制度制造障碍。以上这两种情况都为设计和加强民主政治的创新机制提供了契机。

　　此种意识形态观念在很大程度上为中国社会的发展提供了前提——确保政权在公共财产和经济领域的首要控制权；而这一点在西方社会正在逐渐缺失，甚至业已缺失。该模式的主要目的是防止一切产业化，尤其是关乎主要人权的教育、医疗、文化等领域，更应避免沦为新自由主义的奴仆。从这个意义上来讲，中国梦可以被视为所谓的"后现代主义"世界中深化人文主义价值观的共同理想，期间的渴望包括复兴团结、社会正义、机会均等、加强安全体系、保护个体等。新自由主义的经济—社会学说在意识形态的战争中消散，个体的实现与国家的需要融为一体，集体的利益大于个人的利益。

我们必须意识到，中国亟待解决的许多问题并不能从西方找到满意的答案。甚至可以说，权力集中程度提高、博弈使得权力的归属真假难辨，都使得西方模式已经处于明显的下滑趋势，政治已沦为权力决策的工具。政治生活的"合法性"不是来自选举，而是来自账户中的款额。这种乱象损害了民主的价值观，我们应该对此摒弃，以免受其伤害。

意识形态在维护社会共识、坚持既定路线、保证政治权力合法性等方面起着不可或缺的关键作用。后者是稳定的关键，不能仅依靠偶尔的、不成文的共识而维持经济的增长以换取繁荣。

中国梦有助于扩大社会主义现代化的模式，并完善、重塑政治基础的意识形态。这就保证了新的公众情感及诉求得到满足，随着社会基础愈加现代化，这些新的情感和诉求在未来可能会变得更加强烈。

程序的规范化同时推动了制度化，并为权威的定义和认可铺平了道路，从而减少了任意性和不透明性。这种道德和政治意识形态的规范化拉近了中国梦所涵盖的利益群体之间的关系。

超越了地理、文化、历史特殊性的社会主义以维护平等正义为中心目标,其意识形态旨在推动建立一种能够满足社会愿望的政治经济、社会文化模式。这种模式虽然美好,但却看似缥缈,在本国历史进程中曾显得不合时宜,令数代人为之嗟叹。而中国梦恰好为这一愿望的实现提供了前所未有的契机,令民心为之振奋。

在改革开放和社会主义现代化建设新时期,习近平着重突出了中国传统文化和思想的作用,并借此为马克思主义的研究和发展注入了新的活力。这是完善意识形态目标的有机组成部分,旨在填补改革开放以来精神文明上的空缺,重申社会主义核心价值观(包括传统文化)的有效性,鼓励文化自觉、复兴传统,建立起抵御西方自由主义势力侵蚀的坚固长城。

的确,习近平曾多次在演讲中强调丰富中华优秀传统文化内涵的必要性,这是对价值观的更新,将有助于中国人民在 21 世纪树立牢固的中华民族共同体意识。在这个浪潮中,习近平摒弃了将传统文化等同于旧式社会文化的看法,批判了"彻底根除旧文化以便推进现代化"的思想。要理解当今中国的现代化和关乎民族复兴的中国梦,就不能忽视被习近平称为"民族之魂"的中华优秀传统文化在中华崛起道路上的先决作用。

也许这一思想最突出的特点是其对核心价值观的坚持。它既是中国梦的坚强后盾,也已成为中国共产党的特色之一。在 2016 年 11 月 16 日的讲话中,习近平就鼓励广大知识分子和艺术家继承传统文化,珍视祖辈留下的宝贵精神财富。

2017 年 1 月,中共中央办公厅、国务院办公厅联合印发了《关于实施中华民族优秀传统文化传承发展工程的意见》。希望通过增强民众意识,扩大全社会的广泛参与来保护传统文化,建设国家软实力。

中国领导人积极复兴中华优秀传统文化的意愿,一方面源于现实情况,另一方面也反映了意识形态发展过程中的中庸之道。现如今,将马克思主义道路与中国优秀传统文化对立起来是不合时宜的,相反的,两者则是相辅相成、互相促进的。在文化领域,中国共产党力图在坚持共产主义信仰的同时,也将中华优秀传统文化视为国家资产。同时,中华优秀传统文化也是世界多元文化的有机组成部分。

我们不能忽视的是,古中国文明与古埃及文明、古印度文明、古巴比伦文明一道并称人类四大古老文明。在历史上国力鼎盛的时期，中国是世界上最发达的社会之一，其发展面貌令人叹为观止。后来随着国力式微，特别是19世纪西方国家的崛起加速其衰落，中国逐渐不再是世界瞩目的榜样，历史的指挥棒也随之易主。

如果说，经济实力会促进文化的繁荣、增强全球影响力，那么在最近的几十年里，中国正在崛起并走向世界舞台中心，其文化领域的发展也必须与之匹配。文化的复兴是国家复兴伟业中不可分割的部分，正如全球的各种力量格局正在进行重新洗牌。在文化领域，中国政府也应努力在国际范围内增加其话语权，将自身的理念、价值观、智慧等添加到世界的话语范畴和文化体系中，终结西方"普世价值"的一家之言。

在中国共产党的长期自身建设中，反腐工作和意识形态重塑同为重要行动，其中传统文化的作用不容小觑。确保政治体制的长期性是中国共产党工作的一大要务，这一点无论在其话语还是实践中都有明确的体现，而且也恰恰反映了马克思主义与中国传统文化相结合的必要性。因此，构成了习近平新时代中国特色社会主义思想中不可或缺的一部分。事实上，习近平经常在讲话中引经据典，用中国古典哲学作为对马克思主义思想的阐释和补充。

在2017年10月18日至24日在北京召开的中国共产党第十九次全国代表大会上，习近平首次提出"新时代中国特色社会主义思想"。这代表中国的领导集体进入了新的阶段。习近平新时代中国特色社会主义思想正以前所未有的速度飞快发展。

党代会对习近平新时代中国特色社会主义思想的认可，为后面五年内中国的发展提供了理论指导。它准确把握了社会的脉搏，对国家所面临的机遇和挑战作出了清晰的判断，力争追随历史的洪流不断前进。早在此前的2016年，习近平就已经被公认为党的领导核心。至此，以习近平同志为核心的中央领导集体的地位得到了进一步的巩固。

中国共产党的十九大报告的第三章阐述了新时代坚持和发展中国特色社会主义的基本方略，其内容可概括为"十四个坚持"：坚持党对一切工作的领导；坚持以人民为中心；坚持全面深化改革；坚持新发展理念；坚持人民当家作主；坚持全面依法治国；坚持社会主义核心价值体系；坚持在发展中保障和改善民生；坚持人与自然和谐共生；坚持总体国家安全观；坚持党对人民军队的绝对领导；坚持"一国两制"和推进祖国统一；坚持推动构建人类命运共同体；坚持全面从严治党。

以上的"十四个坚持"的关键是确保中国共产党在执政过程中不偏离方向，不忘初心、牢记使命，坚持为人民服务的理念。习近平新时代中国特色社会主义思想所提出的战略构想是在 21 世纪中叶实现现代化的两次飞跃（2020—2035 年：基本实现社会主义现代化，2035—2050 年：建成富强民主文明和谐美丽的社会主义现代化强国）。以上这些目标的制定，正是基于对目前中国国内主要矛盾的判断，即人民日益增长的美好生活需要和不平衡不充分的发展之间的矛盾。

习近平新时代中国特色社会主义思想中对建设法治国家的坚持与中国的儒家传统并不相悖，特别是儒家传统对强有力的领导充满愿景。反腐工作也与传统思想中的美德与正义相辅相成。

习近平法治思想是顺应时代发展的重大理论创新成果。

这条道路的建设必须辅以民主的成熟。对于中国而言，更务实的方式是建设一种适应自身文化传统的民主模式，其具体内容应以其人口、地理、政治条件为基础，以中国共产党为中心，以掌握经济命脉、实力雄厚的国有企业为直接调控手段。

以习近平同志为核心的中共中央领导集体在推行民主时考虑几点如下：借助新技术的推广，扩大协商范围及政治决策的基础；通过公开集会将公共管理权交给公民进行分析和讨论，且该做法已经在个别城市和乡村开始推行；选举政治代表，并允许独立候选人参与，以便扩大代表范围；确保执行机制，法律面前人人平等，法律效力高于传统习俗的力量；打击腐败，禁止滥用权力，严防损失公众信誉，等等。

因此，我们所谈论的不是政党与政权之间的分离，也不是以自由为说辞的正义的独立，更不是由全国人民政治协商会议而产生的政治多元化、政权的更迭或公众参与体系的改变。因此，对于阻碍系统正常运行、影响社会效率的现象，应及时采取具体的整改措施。接下来的一步即在学界和政界展开思考，包括完善上层建筑，巩固党执政的合法性。

对于以习近平同志为核心的中国共产党而言，人民民主、党内民主、协商民主等都共有一个目的，即对内部生活产生正面影响，有利于保持党员干部的纯洁性、健康性，如今通过多种渠道（包括社交媒体）受到公众监督。一个日益自治的社会在这个话语中发现了机会，通过丰富多元的表达机制合理提出诉求，使中共能够体察民情，提前准备解决方案。

经济增长、社会进步、政府能力的提高，更新运作形式及运作机制，实现制度化和高效率的结合，等等，这些对于加强领导力都至关重要。

此外，更新这种精英治理的传统可以促进权力与社会关系的更深层转变。很明显，这种文明的力量不可小觑。同时，它还必须被辅以当代的资源，以此改善中共的治理成效。

在实现"两个一百年"目标的进程中，习近平新时代中国特色社会主义思想的意识形态贡献将发挥重要作用，从而确保这一具有决定意义的进程保持连贯性和深入性。

第二章
独具特色的政治

在当选中共领导人后的首次公开亮相中,习近平采取了一种新的沟通方式。他以一种亲切且自信的形象面向群众。在对媒体的介绍中,这位中国共产党新任总书记重复最多的词就是"人民"。这个称呼反映了中国社会大部分人想表达的愿望,他们渴望获得更多的发展红利,同时也渴望中国共产党加快国家发展的步伐。

第一节 概念上的创新

邓小平确立的20世纪70年代末实施的改革开放政策——建设中国特色的社会主义,在最近几年得到了丰富的创新,这一点值得引起注意。同时,在江泽民任期内提出了"三个代表"重要思想,要求保持共产党队伍的先进性,保证中国共产党是中国经济、文化和社会中的先锋队。

同样,在胡锦涛任期内提出的科学发展观强调坚持以人为本,全面、协调、可持续的发展,提高经济和社会进程的客观性。简而言之,运行机制要有助于社会发展和提供社会福利,加快中国的现代化进程。科学发展观的理论注重平衡增长与环境之间的关系,力图克服社会中不平等现象(即创建和谐社会)。在这两种情况下,这一创新具有了双重意义:一是关注社会发生的变化并采取必要的措施,以此确保中国共产党领导的生命力;二是发展必须能够解放生产力,而不是在其意识形态的分类上做文章(仅举三个相关案例:市场的作用、私营经济的作用、农村土地的使用和开发的自由化),坚持这一原则将有助于从政治体制上维护中国共产党不可撼动的权威。

总的来说，中国共产党近年来建立了更加丰富的理论、政策和思想话语体系，努力营建更有自身特色并更具适应性的发展道路。

具体可从以下两方面予以体现：首先是马克思主义，在坚持贯彻这一思想理念的基础上增加了列宁主义持续执政的意愿，以此保证社会主义方向；其次，人们对自身文化传统的共鸣日益增强，尽管在社会主义革命和建设时期产生了对传统思想的批评浪潮，但目前中国共产党人则在中华传统优秀文化中汲取营养，使之滋养、服务于中国特色社会主义道路。

习近平所提出的现代化采纳了中国传统文化的有益元素，这是总结自身经验的结果。中共在弘扬自身价值观以对抗西方自由主义价值观的同时，既具有自我探索和创新的能力，又坚持自身在意识形态上的原则立场。甚至在经济领域，尽管目前的改革仍致力于市场和私有财产，但有迹象表明，马克思主义政治经济学正在复苏之中。

民族自豪感和业已实现的繁荣，使中国领导人有足够的信心来开创自己的道路。尽管与发达经济体日渐相似，但中国共产党不会因此而逐步采用西方政治制度。相反，保护中国共产党免遭自由主义模式和意识形态的逐步渗透是一个战略性的问题，它代表了一个新阶段的开始，而这个新的阶段并不排斥在政治领域的现代化。

第二节 组织管理：代表大会和全体会议

中国共产党第十八次全国代表大会是确定以习近平同志为核心的党中央领导集体之时，此后的一系列规划也以此为起点。2012年11月8日至14日在北京举行的中国共产党第十八次全国代表大会围绕着改革和开放的需求展开，这些议题也将被重新定义并被纳入后续的规划之中。习近平随后要求深入了解政治时刻的"历史背景"，以衡量即将到来的前所未有的挑战，并再次强调其关键在于中国共产党的作用及保持初心的坚定性。

这次代表大会还释放了政治改革的信号。中国共产党表示，他们一直把政治结构的改革放在国家整体改革中的优先位置。同时强调应该从自身的实际情况出发，保证民主和法治得到更多更好的实行，保证人民享有更实质、有效、全面的社会民主权利。

中国共产党还表示"绝不会机械地照搬西方的政治制度",同时提出中共领导层团结一致,探索"丰富民主的形式",发挥法律在社会管理中的作用。这两个因素都将有利于提高其执政能力和对腐败的抵制力,从而有助于巩固其执政党的地位。党必须在宪法和法律的框架内行事,而不是超越法律之外。

据分析,中国共产党将面临的最大危险,即脱离群众、与社会脱节、贪污腐败等"应受到谴责的行为"。所有这些都必须得到有效的监督,以确保中国共产党的事业保持"马克思主义、创新性、服务至上"的根本性质。

中国共产党所进行的政治改革的核心是确保其领导地位,改善法治和人民民主。另一方面,领导阶层所提出的"顶层设计"于2010年10月首次出现在中央委员会关于"十二五"规划的建议中。

习近平的政治主张的另一个参考点是2013年11月9日至12日在北京举行的中国共产党第十八届中共中央委员会第三次全体会议。同年4月,中央政治局决定将深化改革作为上述会议的中心议题。会议确定的路线方针指出,将努力于2020年实现中国共产党第十八次全国代表大会中所提出的目标，届时中国应在"全面建成小康社会"的建设中取得明显的进步。

作为决策基础的文件，其大部分源自国务院发展研究中心，该中心在早些时候的方案中概述了改革的八个关键领域，它们分别是垄断行业、土地、金融、税收和税收制度、开放性、政府管理、国有资产、加快创新和可持续发展。该方案建议扩大市场的作用，促进竞争，使各部门的投资多样化，或者为进入其他部门提供便利，其中包括石油和天然气的非常规能源勘探等敏感领域，以减少对原油、精炼油或天然气的进口限制；另外还包括电力行业及其价格体系、电信重组、土地改革及金融体系，等等。

这次会议召开的时间节点是在 2013 年 9 月底批准开放上海试验区之后。设立上海试验区的目的是对金融系统进行测试，促进其与国际金融和人民币国际化的联系，为中国提供了新的条件，以便中国在全球舞台上发挥更突出的作用。随着时间的推移，外国投资者不能参与的敏感范围在逐渐缩小。

该决策概述了全体会议决议的许多方面，同时对其内容加以丰富。例如，在人权领域规定了废除劳动教养制度。被废除的制度是在20世纪50年代引入的，所适用范围是那些案情严重程度不足以进行定罪或负刑事责任的违法行为，在劳教制度下最多可将其拘役4年，无需进行公开审判。同样值得注意的另一项提议是逐步减少适用死刑罪名。除此之外，严禁刑讯逼供、体罚虐待。同时，还提出注重对法律系统文职人员及其工作的保护。

信访制度也将进行修改。作为一种缓解社会投诉和索赔的特殊补救措施，它是众多紧张局势的根源，这是由于对地方当局的不满由此被转移到了中央政权。习近平在引用"枫桥经验"的典故时强调，需要寻求措施，把矛盾化解在地方或基层。因此，在信访问题上改善管理渠道的愿望可见一斑。

在政治秩序方面，中国共产党明确表示将保证宪法和法律的权威，承诺通过更好的监督将宪法的执行提高到一个"新的高度"，确保法律面前人人平等。他强调，任何个人或组织都不能凌驾于宪法或法律之上，违法行为必将受到惩罚。

因此，为确保法律在各个层面的有效实施，需要作出大刀阔斧的努力。由此也提出了执行机构的重组，实行权力集中，取消重复职能。简言之，就是对负责执法的行政系统进行改革。

与此相辅相成的是司法公正。作为司法管理系统的改革内容之一，将建立一个"相对独立"于行政部门的司法管理系统。究其中心目的，主要是避免司法不公和加强对人权的保护，提高司法和检察机关的独立性、增加透明度，从而建立明确的权利和义务准则。

反腐倡廉仍将是工作中的一大关键点，以此促进"干部清正、政府清廉、政治清明、社会清朗"。"老虎苍蝇一起打"，即打击所有腐败分子，无论其地位如何，都将继续进行，毫不手软，这表明党中央反腐倡廉的坚定决心。官员腐败的情况在中国由来已久，习近平对此深感忧虑。

"促进协商民主"成为议题之一，因此"民主"一词也得到特别的重视。中国人民政治协商会议在此之前组织了研讨会，讨论了经济发展的问题，讨论层面广泛，界限明确。

有关地方政府的议题同样受到了特别的关注。文件规定将重组中央和地方政府之间的收入分配关系，完善预算和税收制度。国防、外交、国家安全以及与市场规则和管理相关的方面，将纳入中国政府的权力清单。此外，中央和地方的共享领域需要进行更多的权限界定，中国政府将支出权力和责任让渡于地方政府。为此，建议建立一个控制债务风险的标准体系。

在高层设计方面，以政府和政党管理的变化为前提，转变了政府的职能，放宽权力，但也强化了法治的作用。新的综合体制框架的设计表明，人们显然愿意更多地依靠法律的力量，这将成为社会稳定的新源泉，也将有助于确保和加强党的领导。

该决议设立了一个由习近平直接主持的专门领导小组以负责引导改革，其任务是制定更详细的路线图，确定改革的顺序，选定优先事项，以化解阻力。所有这些都是为推动增长模式的决定性转变。

随着本次会议的决议产生，中国进入了自1978年改革以来的又一个新阶段。改革在此前的进程中已经达到了一定的高度，继续按原方向进行下去将会显得动力不足；但改革不应仅限于经济层面，而应是全方位的。朝着这个方向前进需要达成共识，应对未知情况，克服阻力，直面新时期的工作中可能出现的巨大挑战。

2016年10月24日至27日在北京举行的中国共产党第十八届中央委员会第六次全体会议，为这个亚洲巨人一年的紧张政治日程画上了圆满的句号。此次会议最重要的议题之一就是明确了习近平在中共中央的核心地位。

习近平执政时期的话语轨迹显示出了两个主要的特点：一方面，他始终强调改革的必要性和解决众多问题的紧迫性，而这些改革的成败正关系着中国社会主义现代化事业是否实现，关系着党和国家的未来；另一方面，党和国家的事业要求强有力的领导作用，要求具有实施改革的魄力和勇气。

习近平在任期内一直在逐步实行多层次的改革，这些改革措施可以被归纳为实现中国梦和实现"两个一百年"奋斗目标（2021年的中国共产党建党一百年及2049年的中华人民共和国成立一百周年，也就是先建立一个相对繁荣的社会，然后再建立一个先进和繁荣的经济体系）。在关键领域设立一系列专门领导小组，所有这些小组都由习近平主持并直接指挥。由此，以习近平同志为核心的党中央的领导集体在各个层级实现了规范化、系统化。

通过一场深入党和国家各个部门的反腐败运动，中国共产党加强了道德建设和干部队伍系统重塑，数十万腐败官员被绳之以法。此外，还长期开展了反对浪费、反对和克服形式主义、官僚主义的运动,并展开对党政系统内部的检查,加强党纪。重新开展自我批评会议,强调从最高级别的干部开始,规范所有党员干部的行为,由此极大地改变了中国共产党的内部氛围。

2016年,十八届六中全会召开,全会指出,"全面从严治党,是党中央着眼于'四个全面'战略布局作出的整体设计,是党中央治国理政方略的渐次展开、深度推进。"①

六中全会重申了邓小平提出的四项基本原则,以此与四个现代化(农业现代化、工业现代化、国防现代化、科学技术现代化)相结合,防止由于改革而导致社会主义道路方向的改变。这四项基本原则(坚持社会主义道路、坚持人民民主专政、坚持中国共产党的领导、坚持马克思列宁主义毛泽东思想)再次明确了中国共产党的意识形态、领导地位等基础原则。

中国共产党第十九次全国代表大会于2017年10月18日至24日在北京召开。在长达三个半小时的开幕式演讲中,习近平从一开始就明确地表示,中国特

---

①《坚定不移推进全面从严治党》,《人民日报》2016年10月28日。

色社会主义进入了新时代，这是中国发展新的历史方位，这个时代将成为推动中华民族现代化、实现民族振兴的必要动力。

以下几点值得特别提及：

中国的现代化进程中有关社会主要矛盾的历史演变。习近平认为，目前中国社会的主要矛盾不再是人民日益增长的物质文化需要同落后的社会生产之间的矛盾，而是经过了 30 多年的发展后，转化为了人民日益增长的美好生活需要和不平衡不充分的发展之间的矛盾。这是 36 年来首次发生的变化，由此也标志着当代中国发展的第三阶段开始。

习近平新时代中国特色社会主义思想，其组成部分包括纠正发展能力不足或失调等问题的发展哲学，捍卫社会主义价值观，维护中国共产党对军队的绝对领导，呼吁共建人类命运共同体等。

1945 年毛泽东思想被确立为中国共产党的指导思想。从那时起，拒绝照搬照抄国外的政治制度，坚持走适合自己的道路，同时在全球的意识形态领域发声，在坚持法治或依法全面治理的问题上不作根本性的让步已成为中国共产党一以贯之坚持的原则。已取得的一系列可圈可点的成果巩固了中国的治理模式，

第二章 独具特色的政治

以此证明了政治的合法性是建立在能力和经验之上的。

中国共产党的政治建设要走反腐倡廉和制度化的道路，提出要不折不扣地履行党的使命，强调纪律、忠诚和义务等价值观。习近平强调，必须确保党在所有领域的领导，同时不影响党的自身结构和机制的发展，既要坚持毛泽东思想，又要在治理形式上探索创新方式。

更深入地认同党和国家的职责。党不仅指导一切，而且还会促进党和国家机关的协调发展。

实现一个富强的中国的愿望。首先，中国共产党制定了两阶段的计划，分别以2035年和2050年为界限，力图创造一个小康社会，提高人民生活质量。其次，实现人民解放军转型，到21世纪中期将其建设成世界一流的武装部队。

建设一个美丽的中国，更加关注环境问题。建立新的监管机构，负责管理自然资源，监督生态系统。

在经济方面，呼吁制定新方法来改善系统性的宏观调控，建议向更多的部门开放外国投资——采用负面清单制度，并首次提出敦促对国有企业进行彻底改革，鼓励混合所有制，让这些企业变得"更强、更好、更大"。其关键因素仍然是从快速增长转向高质量发展。

在外交政策方面,重申反对任何形式的霸权主义或扩张主义,明确了增强世界影响力的意图,愿更多地参与到全球事务中,更好地捍卫国家利益,满足群众的期待。

习近平新时代中国特色社会主义思想被写入党章:从军队改革到治理愿景、"一带一路"、深化供给侧结构性改革或市场在资源配置中的决定性作用,整个规划中渗透着全面改革的宏愿。

简而言之,习近平在中共十九大上绘制了一份蓝图,对中国早日恢复繁荣、在国际事务中发挥更大的作用充满了信心,这代表着一个"新时代"的到来(这个概念在演讲中使用了多达36次),确定了中国未来30年的规划和战略。

第三节　依法执政

中国国家主席习近平坚持认为,加强法治是共产党和国家治理现代化的体现。中国共产党执政的最初合法性建立在革命战争历史的基础上，随着年代渐趋久远，经济也逐渐步入一种新的常态，在实现最初目标的困难加大之时，中国共产党有必要倡导一种文化，使其合法性不仅仅是基于治理的平衡，而且是基于对法律制度的遵守。

中国法律制度的变革是一个鲜有研究的主题，究其原因，一部分是源于人们对经济改革的普遍关注，同时也是因为法律领域的变革一直被认为只是表面现象，属于次要方面。不过，随着法治社会建设纳入政治议程，这些方面的变化也吸引着越来越多的关注。

中国宪法要求所有宪法关系的主体都有遵守宪法的义务，同时也规定了中国共产党的权力至高无上。想要把中国变成一个单纯依法治理的国家，并不是一件容易的事。众所周知，在中国的文化中有"人治而非法治"的传统。虽然中国生来就伴随着法度，但儒家思想还是相对正统于其他的哲学思潮。对法家（首先以韩非子为代表）而言，秩序是由权威的存在、法律的有效性和治理的艺术所共同赋予的。对于儒家来说，秩序的基础是美德、仁政和正义。对于道家来说，法律越多，违法行为就越多。在儒学思想中，我们能发现以孟子为代表的理想主义和孔子思想的延续，而现实主义一派（荀子）则认为人性本恶，人生来自私。因此除了教育之外，还需要借助正义的力量来克服人性中的个人主义。

作为中国的两大思想流派，法家和儒家在思想传统的发展方面有一个相似点，那就是他们都不认为社会组织的主要功能在于法律——只是一个归因于教育（儒家）、另一个归因于统治者的绝对权力，他们各自认为这两者才是社会的关键和结构性因素。

在新民主主义革命同社会主义革命和建设时期，对毛泽东思想的遵从被视为承认党的权力的必备条件。直至20世纪70年代末，当党开始采取有利于经济改革的措施时，视角和重点也发生了改变。我们现在所谈论的，就是这个问题的一个转折点。

2014年，中国共产党发出了明确的信号，将推动价值观建设、重视规则的作用，以此作为国家稳定和治理的最佳保障。当然，对法治的呼吁在中国政治中并非首次，自1999年以来，依法治国的概念已被纳入宪法。然而，这无疑是第一次从总体层面到具体落实都得到推进，其间提出的想法、理念、建议等可能在一段时期内影响国家正在形成的新型政治文化。

有一点值得特别强调的是，在任何情况下，人们从未对政治制度的基本载体，尤其是中国共产党的作用提出过质疑。相反，正如官方文件所谨慎指出的那样，所有的变化均应有助于加强党的领导和执政能力。

如果说胡锦涛任期内（2002—2012年）允许将与儒家思想有关的一些重要表述纳入官方政治话语的话，那么习近平在继承的同时，似乎愿意再增加另一个中国传统思想的元素——法家的文化及价值观。这样一来，我们就见证了中国共产党的21世纪新思想语库正在逐步形成，它既重申了马克思主义、毛泽东思想，强调了经典思想的相互关联；又与西方思想中的主要理念进行了融合，试图在某些方面加以借鉴，将各种思想融会贯通，通过古今意识形态中的有利因素来巩固自身的领导地位。

习近平本人也强调了传统文化在改善国家治理方面的作用。现阶段的领导集体正努力将过去最多体现在中共内部通知中的政治决定转化为法律条文。

依法治理需要赋予法律关键的作用，减少权力行使过程中的酌情裁定和主观色彩。这就意味着要加强国家宪法本身的价值，加强司法机构的独立性。而最困难的还是建立统一的行动框架，重新定义并明确界定中国共产党在整个司法体系中的地位。同时，各级人民代表大会应具有更强的生命力，避免僵化保守，应掌握更多的主动权和控制权，以确保所有相关的参与者和工具都依照法律进行。

在这一层面上的重点是司法改革。近来，中国新闻界披露了几起司法不公的案件，以此呼吁提高司法透明度。中国共产党着力提高法官的技术能力，增强其专业性和法律判决的准确性和合理性，同时减少地方当局对司法的干预。这并非表示党的地方组织将从法院消失，而是意味着法官的执法将享有更大的空间，更少地受到干扰，这将有助于提高公众对法院的信任度。

司法改革是中国全面政治体制改革的重要组成部分，也是习近平任期的核心任务之一。可以说，自2013年以来这个问题已经被列入了中共的重要议程之中。2013年和2014年，中央委员会的年度全体会议分别通过了两项决议，为司法领域的改革指明了方向。2017年2月发布了两份白皮书，一份关乎改革，另一份关乎中国法院系统的透明度。在这些正在实行的改革措施中，司法的公正性和独立性是重要的组成部分，这些改革旨在减少地方政府对司法系统的影响，赋予法官权力，使他们能够更加自主地作出决定，从而营建一个更加专业的司法模式。

倘若不建立机制，为公民提供足够的保护，以此保证宪法所承认的公民权利能够在事实上得到行使的话，那么法治也不可能得到真正的推进。宪法被宣布为政府行动的核心和本质，这意味着权利（不仅仅指司法程序中的权力）不仅必须受到尊重，而且要在对其承认和应用的过程中得到完善。

崭新的话语也可能有利于重塑中国在世界上的形象，因为它的表现形式和政治文化似乎正在沿着现代化的道路前进。

习近平法治思想提出通过法律的有效实施来改善国家治理，其主要目标是"建设中国特色社会主义法治体系，建设社会主义法治国家"，将规范作为各级机构运作的重要基础。

正在进行的政治改革并不意味着动摇现有体制的支柱，而是结合法律法规，建设更加透明、更具现代意义的治理典范。这一点从现任领导集体为新政策提供规范性基础的努力中便可得到印证，他们总是先出台相应的法律法规，而后再推进新政策的实施。因此，这不仅涉及市场发挥更多决定性作用的问题，同样其也是一个法律问题。法律法规的制定应约束有关行为,减少不透明性,推进国家治理体系和治理能力现代化。简而言之,在中国,政府管理者必须真正意识到立法的必要性,不是按照革命时期的原则行事,而是依法执政。

通过这种方式,习近平将加强政府行动的法律基础、监管透明度和程序价值。习近平提到的"制度的笼子"是使党和国家服从于法律秩序的基础,旨在为新的政治稳定奠定概念基础。

对依法治国的肯定恰恰体现了习近平本人的关注点,他强调了《中华人民共和国宪法》必须具有真实性和现实意义。宪法的这种特性源于在权力和社会之间建立一种新的契约的需要,而这种契约的基础不再是以财富来定义忠诚,而是承认法律是社会共存的基本原则。

那些为强大的中国欢呼的人所憧憬的是中华民族的复兴,如果再加上中国人民在现实生活中坚定地践行宪法条款的话,民族复兴的目标将指日可待。中国的城市化正在加强,社会也已拥有成熟的意识。因此,以前曾经有过的"中国缺乏法治国家条件"的论调暂可休矣。

第四节　把腐败关进牢笼里

自从习近平成为中国最高领导人以来，不时有报道提及调查某任职于国有企业、中央机构或地方机构的中共党员，或将其开除出党。中国从未见过如此大刀阔斧的反腐运动。与其前任一样，习近平在担任总书记的第一年就强调，反腐斗争将是其任期内的关键使命之一。习近平的此次反腐工作投入了前所未有的力量，同时，在全社会也进行了更加广泛的宣传来加强公众对此的信任度。更为难得的是，政府在这方面确实采取了许多措施，包括对具体事件的跟踪调查、公布政策方针、根除公务系统中的铺张浪费或特权行为等。还值得一提的是，中央纪律检查委员会的能力得到了加强，由此开启了与社会层面的合作关系。社会民众对腐败现象的看法发生了根本性变化，正如习近平自己所说，腐败现象对中国共产党来说无异于慢性自杀。

"八项规定"中有关于公务接待的新规定（第19—24条），对各级官员的待遇福利等一系列事项作了非常详细的标准化规定，包括不可由公款报销的项目等都一一在列，由此提前对腐败行为进行了大范围的防控。

在社会领域，除了通过官方渠道进行通报，社会网络也发挥了充分的作用，对腐败事件进行检举揭发。这也促使人们通常能够迅速知情，并对自身行为进行约束规范。

在习近平的第一个任期内，反腐运动的负责机关是由王岐山所领导的中共中央纪律检查委员会。中纪委的成立可追溯至1927年，至今职能未有改变。中纪委首先要保证对党的忠诚。在反腐工作中，中纪委力求扩大社会的积极参与度。它的网站每天有几百万次的点击率，可见其在群众中的巨大影响。

从反面来讲，反腐败斗争的规模之大恰恰反映了在涉及政治、经济和军事的各个机关中，腐败现象已经层出不穷。因此，反腐工作的主要目标之一就是恢复中国共产党的形象，维护其作为中国社会道德卫士的合法性。

与此同时，根据2013年11月举行的中国共产党第十八届中央委员会第三次全体会议上通过的决议，新的领导集体在全国推动了全面改革，其中涵盖了经济、社会、国防以及政治等方方面面。这些结构性改革的目标是通过重新调整政府的职能，改造大型企业和国有银行，刺激私营企业发展，促进竞争，调整金融、行政和劳动秩序，巩固市场经济的基础。因此，随之而来的变化无疑会触碰到许多既得利益。

公众谴责贪污腐败、滥用权力、挪用公款等行径，这与公共部门在改革中向社会资本开放有一定的关系。从铁路到钢铁，再到海上运输、石油及其他能源，由于利润巨大，令很多社会资本为之垂涎，也使腐败有了滋生的土壤。

党内政治是另一个重要的领域。反腐败工作使新的领导集体加强了党内的领导，巩固了在公众舆论面前的形象。然而，这两方面的核心都在于保持党员的纯洁性，加强对法律的尊重。依法治党对于提高党的执政能力至关重要。反腐败工作强调的是在法制框架内行事，即对法律的严格遵守。

此外，加强对党员的思想教育、提高党员对党的忠诚也是当务之急。与此密不可分的还有旨在加强党群联系的"群众路线"。"群众路线"最初是毛泽东思想中最突出的政治特征之一："从群众中来，到群众中去。"此后中共的几代领导集体都将此工作方法应用到执政实践中。在中国特色社会主义新时代，它成为一场席卷中国四面八方的政治教育的核心，其目的是重新加强中国共产党与群众的联系。这场学习教育活动涉及各个层级，也包括总书记本人。在省级巡视中，习近平邀请党员干部进行批评和自我批评。这场学习教育活动于2013年6月开始，在刘云山的直接领导下，将坚决反对形式主义、官僚主义、享乐主义和奢靡之风作为主要内容。在此前的2012年12月，中央政治局批准了"八项规定"，以期纠正部分官员不思进取的工作作风和不良习惯。

这些正在进行的学习教育活动有助于加强中国共产党的领导地位和思想建设，改进其面对紧急变革时的执政能力。矛盾的总和与决策的风险性，再加上外部秩序的挑战，使得现任领导集体的战略眼光显得尤其重要，它甚至可以决定中国共产党自成立以来所一直领导的中国现代化进程的成败与否。

打击腐败现象远非易事。这需要强烈的政治意愿、大刀阔斧的魄力和持之以恒的毅力。也许最有效的方法是积极促进社会力量加入监督之中，赋予相关职权部门专门和独立的权力，制定相应的规则以防止有罪不罚。

第五节　中国的领土问题时间表

习近平主席所唤起的中国梦也包括了中华民族的团结和统一，以及对与其他国家尚存争议的领土恢复主权。这也就使得在领土问题上，尤其是在恐怖主义猖獗（新疆）、政治局势紧张加剧（香港），"台独"势力上升、两岸关系紧张的背景下，中国梦有着重要的政治意义。

中国是一个陆地大国，领土居世界第三，其政治结构在理论上长期以来呈现中央集权的特点。然而，近几十年来所实行的政策，以及应对某些新问题时的需要，使这一特征出现了一些细微的变化。

其中有四点特殊的情况值得一提。首先，在省级行政区中包括了直接隶属于中央的四个直辖市。人们可能会认为这个行政区划与中国政府有着密切的联系，但现实中要复杂得多。其实各省政府都享有大量的事实上的自主权，尽管中国政府仍保有重要的干预机制，可以在认为适当的情况下加以过问。经济领域正在进行的改革就包括了加强地方政府的能力和权限。

第二，民族自治地方，包括自治区、自治州、民族乡等，被设想为少数民族问题的解决方案，大多设在边缘地区。新疆紧张局势的恶化和恐怖主义活动的猖獗，正助长关于这种模式存续与否的大辩论。对一些人来说，它代表了苏联遗产的一个灾难性的案例，而另一些人则建议通过实行现代化和组建联合政府来使其继续深化。

第三，澳门和香港的特别行政区。在恢复行使主权之后，两地分别在"一国两制"的模式下行使广泛的自治权，也成为其领土形式的基本原则。然而，香港所经历的危机是众所周知的，中国政府这些年始终在支持香港的经济。

最后一点就是中国台湾问题，这是完成国家统一大业的最大挑战。

就民族地区而言，中国的总体理念在于，经济发展和现代化会带领这些地区共同进步。在世纪之交，江泽民发起了西部大开发运动，经济发展成为了关键词。当时，西部地区被设想为一个主要的工业和农业基地及国民经济的能源和贸易走廊，这使得国家加强了对该地区的投入。这些目标的实现也取决于中国与邻国之间的互动与合作。中国开始谈论"亚欧大陆桥", 它不仅可以连接欧洲、东亚和南亚的主要经济体, 而且可以确保新疆与中国其他地区之间的积极融合。这种动力在胡锦涛任期继续存在, 在中国特色社会主义新时代得到了加强, 成为了"一带一路"合作倡议不可分割的一部分。

中国政府的战略基点为推进西部地区的生产结构现代化及开发后的社会管理工作, 具体项目为开采石油等自然资源、铺设天然气管道、建设连接新疆与中亚及南亚的各种基础设施等。

香港地区在近年来吸引了国际舆论的关注。最近的政治紧张局势可以追溯到2013年, 在习近平开始担任总书记后不久, 香港爆发了"占领中环"的事件。

值得注意的是, 在英国156年的殖民统治中, 香港从未享受过真正的民主, 极个别的改善情况也只是出现在回归前。1994年, 时任香港总督彭定康修改了选举制度, 在行政区管理中给予了普通民众更多的投票比重。但是, 殖民政府依旧一如既往地通过一个毫无民主可言的三重机构维护其殖民利益: 立法局议员不由选举产生, 而是由总督任命; 司法部门的法官同样由总督任命, 尽管为了确保商界对其怀有信心而不断强调其独立性; 至于行政部门, 则始终处于当地工商业的巨大影响之下。

在这场危机中，中国政府严厉谴责了外国势力的干涉，习近平同中国政府都非常重视香港问题。中国政府担心香港发生动乱，因此不排除在必要时采取强硬立场，同时宣传爱港爱国，力证中国的政治合法性与西方式的民主价值概念存在不同，并强调中国的政治更注重善治。

2014年，中央政治局发布了一份白皮书，对自治问题作出了更加详细的规划，重申了中国对香港特别行政区的主权，阐述了中国政府在香港普选和民主问题上的立场。最重要的是，警告西方不要散布负面影响，强调香港特区的政治发展是中国的内部事务，必须以稳定为先。此外，着重强调了香港自1997年回归后一段时间内所取得的成绩，在政治上有显著成果，重申中国政府对香港的领导权不容剥夺，将尽最大努力阻止任何敌视中国政府的行动。

白皮书强调，高度自治并不等同于完全自治，也不是权力下放的同义词：地方权力的行使是在中国政府的管理之内并在其设定的范围之内进行的。这也提醒我们，行政长官和法官都要具备爱国主义精神。

2017年林郑月娥担任香港特区政府行政长官之

后,《中华人民共和国香港特别行政区维护国家安全法》(简称《香港国安法》)获得通过,特区的政治稳定被摆在了首要位置。在局势逐步正常化的基础上,应确保"一国两制"方针在一个更加明确的框架内得到充分实施。

最后,围绕着中国台湾问题总是暗流涌动。近年来,两岸的政治和经济关系都一度得到了显著的改善。2005年,在中国国民党访大陆的"和平之旅"、国共两党推动了体制合作。2014年爆发的"反服贸抗争"事件打破了这个局面,此后两岸潜在发生冲突的风险也随之增加。

中国特色社会主义新时代的到来传递了一个新的信息:中国政府不想把两岸关系局限在经济领域,而台湾地区也应抓紧时间推波助澜。在2014年的亚太经合组织峰会上,中国领导人就台湾问题表态,需要采取一定的政治手段来推动和巩固其他方面的联系。2015年,两岸代表举行了1949年以来的首次正式会晤,拉开了国共对话的序幕;同年年底,习近平会晤了台湾地区领导人马英九。国民党名誉主席连战于2005年进行了"和平之旅",促使中国国民党和中国共产党两大历史宿敌达成了谅解与共识,他要求将平等待遇和相互尊重作为重建信任的基础。习近平对此表示赞同，并表示要不计前嫌，和平发展，携手致力民族复兴。

有关台湾地区问题，还有几道阴影徘徊在中国的地平线上。从外部层面上看，日本会毫不犹豫地利用这一问题来加剧中美之间的紧张局势；而美国则通过其印度太平洋战略继续"重返亚洲"，中国这个亚洲巨人一贯主张的和平外交政策将经受考验。美国继续自诩为台湾地区安全的主要保护人。

从岛内情况来看，2016年民进党上台打乱了原来体制和解的进程。许多台湾民众表示更倾向于民进党执政，但却不太相信该党能正确处理与大陆之间的关系。其前领导人陈水扁（2000—2008年执政）在任职期间政坛混乱，自己也因腐败而获罪。民进党曾试图寻求"台独"的温和替代方案，希望既能够赢得选票，又能够为中国共产党所接受，但这种尝试最终无果。

中国共产党第十八届全国代表大会新闻发言人蔡名照指出："政治问题迟早要得到解决。"自2005年两岸关系取得了"重大进展"后，创造条件和建立共识就是推动"历史性转变"的最低要求。近年来，两岸共签署了近20项协议，其中包括《海峡两岸经济合作框架协议》。

中国共产党渴望与台湾地区当局建立更深远的共识。胡锦涛建议在"和平统一"思想的基础上共同探索政治关系、制定合理计划，为达成和平协议铺平道路。

推动两岸关系靠近的政治基础是"九二共识"（即双方均承认世界上只有一个中国），马英九在台北批准了这条原则，将其确认为不可否认的"历史现实"，并表示相互信任是其中最重要的一点，对海峡两岸关系的和平发展"至关重要"。但眼下最优先的目标还是在于维持现状。

习近平长期以来一直密切关注台湾方面的态度，当他在位于台湾岛对面的福建省任职时，曾与在中国大陆有业务的台湾商人有过多次接触。2000年，他在福建与国民党名誉主席吴伯雄进行了首次会晤。

2015年2月11日，两岸事务主管部门的负责人——台湾方面大陆事务委员会主委王郁琦与国务院台湾事务办公室主任张志军举行了会晤，这标志着两岸关系发生了实质性的转折。这一变化开始于2005年，当时中国共产党和国民党的代表同意进行更紧密的合作，以促进统一，规避独立的风险。2015年的"王张会"是65年来首次举行如此高级别的会谈。虽然会谈并未取得预期的重大成果，但它确实开辟了一条纯政治性的新行动路线。此前，两岸处理双边关系的准官方实体——海峡两岸交流基金会（海基会）和海峡两岸关系协会（海协会）已经制定了一系列行动计划，而此次"王张会"恰恰与其形成了相得益彰的效果。

2015年11月，中共中央总书记、国家主席习近平同台湾方面领导人马英九在新加坡举行了具有划时代意义的历史性会晤。走过了60多年的分歧，新加坡会晤标志着中国领导层态度的明显转变。早在改革开放刚刚开始时的20世纪80年代初期，中国领导层已表示绝不轻易通过武力方式统一台湾，而是将两岸对话作为解决"台湾问题"的首选机制。自那时起，只要台湾当局不谋求独立，和平方式就会成为可能。

第六节 "第五国际联盟"

2017年，中国共产党与世界各国政党高层举行了对话，并通过了《北京倡议》，这真实地反映出中国有意愿向世界发声，引领"新时代"通过结盟合作以实现"共同命运"。习近平在开幕式讲话中宣布，会议将实现制度化，对话机制将会合理地延续性下去。

这次中国提出的"国际联盟"倡议有如下几个特点：首先，不同于以往的情况，此次国际联盟是多种意识形态共存的，是一个具有广泛代表性和多元化意义的会谈；其次，并非局限于某一现有机制，而是采取一种新型、灵活、开放的模式，这表明它具有很强的延展性和极高的适应性，将避免被转化为任何国家公然利用的政策手段；第三，既强调对全球议程的关注，也不忽视与国内议程的高度依存关系，同时注重党际合作作为政府间合作的有效补充；最后，它可以生成一系列对全球治理产生影响的全球行动和区域行动，促进对国际问题做出积极的回应。

"第五国际联盟"的这种阐述，包含着中国共产党在中国化进程中的成就和探索。在中共看来，应该优先考虑国家现实，对一些全球提案实行中国化；或是结合本土实情，实行对策创新，最终取得成绩。在意识形态领域，实现马克思主义中国化，使其成为其他本土思想传统（如法家思想或儒家思想）不可分割的补充，从而形成一种折中的混合体、一种创新的模式，而本土文化则在这个形成过程中占据着灵魂地位。

同样与以往不同的是，正如习近平所言，中国并不期望输出自身模式，也不希望建立一个有利于模式输出的机制。他承认，中国共产党仍然有自身的不足之处，但同时也需要看到它的先进之处以及业已取得的无可争议的成绩。中国的智慧也是世界的智慧，是全世界的共同财富。

中国共产党人一贯注重与时俱进，根据当前现实，发展符合时代要求的新理念和新思路。以中国共产党为重心的"第五国际联盟"意在提供一个卓越的平台，让各党派人士有机会跨越分歧、分享经验，从而促进建立国际共识。

在习近平倡议下诞生的"第五国际联盟"，为中国共产党赢得了作为全球议程的制定者的巨大期望，其国际视野得到了彰显。同时，在一定程度上也满足了国内需求，即展示了中华民族复兴的力量，克服了几十年前由于落后和屈辱所产生的民族自卑感。

提升中国的国际影响力是中国共产党当前议程的

重要组成部分,应该对其历史贡献作应有的承认。本次对话充分展示了中国共产党广泛的号召力。中国是否打算增强自身政治模式的吸引力呢?中国模式其实还是对中国有效。这并不意味着此次对话就一定有助于建立多种形态、多个层次的国际合作形式,抑或是奠定国际交流网络的共同基础。

第三章
最前沿的经济

习近平新时代中国特色社会主义思想里提到,构建从模仿型经济向创新型经济过渡的新发展模式是当代中国政治的核心问题。为实现该目标,中国需要进行结构上的调整。在新型工业文化和巨大技术推动的促进下,把中国变成世界工厂的观念也早已过时。目前,那一历史性跨越阶段已经完成,但将新的阶段具体化又会是一个艰辛且复杂的过程。

坚持渐进主义与实践主义相结合,勇于突破传统观念的界限,这已成为中国改革开放40年来的主要特征。因此,在没有完全放弃计划经济的情况下,中国市场经济的作用已日趋显现；在没有彻底清算公共财产的情况下，中国开始推进其他财产形式的多元化；在没有进行土地私有化的情况下，中国鼓励在农村实行家庭联产承包责任制。但是，以上这些规定都未曾真正改变财产的本质，一种中国模式由此产生，构成了一个独特的混合体制，也就是上述这些特性的总和。

尽管自1993年市场经济已经被宪法所接受；自1999年起，私有财产也被公认为是中国发展的基础，但是，公共部门的规划和影响仍然发挥着至关重要的作用。在等待新的改革实施之际，这些位于战略领域的大型国营企业能够确保中国共产党在相当一部分生产基础设施和经济总体的发展走势上保持着较大的影响力。

沿着那样的发展轨迹，中国经济的年增长率已经突破了两位数，这个数据也震惊了全世界。目前中国政府也意识到，尽管改革在持续进行，但仍有许多事项亟待处理。

所谓的"新常态"是指通过一系列综合性改革与创新，能够将发展重心由重工业、污染型工业和制造业转变为消费产业和服务产业。这一新的观念在发展之初业已明确。20世纪90年代以廉价劳动力、外国投资和生产外向型为导向的中国市场早已成为过去式。工资的增长对于培植新兴中产阶层而言必不可少，这反过来削弱了劳动密集型产业的竞争优势，由此引起的该产业向第三国乃至另一大洲迁移的提案也已被提上了议程，而中国在各地拥有的良好的基础设施以及专业的知识和技术也能为之提供相应的辅助和补充。

最后，人民币日益成为全球性的参照货币，这不仅象征着中国金融业的崛起，而且预示着国际金融机构体系正不可避免地发生着变化。在不到十年的时间内，中国及其周边地区的贡献将得以完全显现。

2013年，《中共中央关于全面深化改革若干重大问题的决定》（后简称《决定》）中强调，市场在资源分配中的作用不仅是基础或基本的，而应该是决定性的，这一概念是本次会议重点议题之一，应该在市场与政府之间新型关系的定义中明确体现出来。现在让市场做出更多决定并不意味着市场可以决定一切，社会主义市场经济既需要市场，也需要政府，两者各自扮演着不同的角色。市场失灵时，政府可以进行干预；在它不会加剧改革试图纠正的不平等和不平衡的前提下，适时发挥政府的作用。因此，协调好市场与政府之间的适当关系是推动经济发展的核心。从实际意义上讲，统一市场规则并克服区域和地方保护主义也尤为必要。

1949年后相当长的一段时间里，市场经济的观念一直作为与资本主义相关的禁忌而存在着。直到1978年的改革开放，中国在这方面明确了新的导向。1992年，国家正式提出社会主义市场经济的概念。1997年，中国强调在国家宏观调控的前提下，市场经济应该成为资源分配的基础；2002年开始制定扩大其作用的规划。根据《决定》规定，现在考虑到中国仍处在社会主义初级阶段，而且这一阶段将持续很长时间，所以目前该思想得以存续，但这并非是绝对化的。

在经济领域，中国共产党意识到，公有制经济和非公有制经济都是社会主义市场经济的重要组成部分，这一观念在其论述中已经非常普遍。但更进一步的是，他们开始允许在银行、能源、基础设施或电信等领域进行私人投资，这将严重影响约占中国GDP 25%的国有企业。这样做的目的是通过构建平等框架的方式来瓦解垄断，促进竞争的发展，从而得以抑制政府向国有企业提供财政或金融领域的助力。此外，这些国有企业还必须向政府上缴其收益，从0%~15%的比例，逐年提高，到2020年提高到30%，这样的调整期共为7年。与此同时，他们还需促使政府职能与企业管理间的分化，比如在铁路等垄断部门实施的权力下放和权力分散化。

中国共产党在总体经济行为中发挥着核心作用。《决定》里强调，坚持公有制主体地位，而国有经济也将继续发挥其主导作用。这就要求将国有资本，集体资本和非公有资本相结合，促使其达成新的平衡以维持和增加国有资本的价值，从而实现多种所有制资本的共同发展。从这个角度来看，为了更好地服务于这一战略目标，还应该组建内含国有资本的投资公司，以投资与国家安全和国民经济命脉相关的重要行业，包括环保行业，具有潜在的或战略性发展前景的行业。

《决定》突出强调，加强混合所有制经济的发展，使得非公有资本可以获得参与仅有国有资本投资项目的机会。银行领域将对外开放，以便合格的私人资本能够获取创建中小型银行的资质。财政和税收体系也将发生变化，以改善立法并增加预算的透明度。

与此同时,《决定》还提及各类与农村问题相关的议题。首先,他们突出强调统筹城乡发展一体化的重要性,使农民有条件享受现代化发展的成果,使城市居民拥有更大的发展空间。目前,城乡之间的差距仍然显著。为了改善这种情况,他们提出一系列措施,例如采取严格的耕地保护政策,给予农民拥有、使用、获益和转让其土地的权利,农民可以使用其土地所有权作为抵押或担保,以获取贷款的权利或从土地的增值中获益。简而言之,物权人直接支配特定的物并排他性地享受其利益的权利,使得农民能在更大程度上平等地享受发展的利益,并且意识到两个阶层之间的差距并未得以充分扭转。一系列振兴措施包括:促进家庭农场和农村合作社的发展,将工商资金用于发展农业,促进农业综合企业和种植业的发展等,这些为农业现代化提供了新的动力。同样地,他们还致力于推动教育资源和基本社会服务的平等。

尽管没有采取任何超出 2012 年中国共产党第十八次全国代表大会提到的改进措施(除局部地区外),但生态环境保护的问题再次被标为重中之重。因此,《决定》规定,不要对生态环境脆弱地区的政府施加压力,禁止不惜一切代价追求经济增长。在这些地区，此指标将不被用于评估主管部门的经济绩效。除环保的问题外，同样应该考虑通过设立"共享法庭"的提案，以此加强对知识产权的保护。当然，他们也特别鼓励区域和边境合作，鼓励国内公司到境外投资，寻求创新的国际化模式。对外开放包括取消投资限制，强化新的竞争优势，以提升其品牌和公司的国际影响力。

总而言之，中国不仅正在摆脱旧的增长模式（尽管这种模式使其在世界经济排名中跃升至第二位），而且也在进行着结构化改革，这一过程无疑会更加突出市场经济的地位，减少行政干预，刺激私人投资、中小型企业的发展和内部消费等。这些措施将与新一轮城市化浪潮和大型基础交通设施的发展同时进行，寄希望于这样的转变能够改善经济状况，以减轻其脆弱性。在铁路"去服务型"政府化之后，这样的争论甚至波及到能源（制定打破三大国有石油企业垄断的战略规划）、汽车、电信或银行等领域。

现阶段发展的关键在于国家、大型银行、国有工业企业和私营企业之间角色的调整。但是，很显然地，新路线或新规划的实施绝对不能削弱中国共产党继续指导该进程或行使国家主权的能力。

第一节　五年规划的镜像

2015年10月26日至29日，在北京举行的中国共产党十八届五中全会上通过的"十三五"规划（2016—2020年），是改革开放关键期的决定性参考。就其背景、内容和预期而言，它还被当作中国经济转型中重要前瞻性、指引性文件，也是习近平职权的重要参考。

我们应该记住的是，尽管随着改革进程的推进，市场经济的作用在持续增加，但是自1953年开始实施的国民经济发展规划，仍然是中国经济和政治模式中无可辩驳的标志。

第十三个五年规划考虑到了至少三个决定性的因素。首先，在这五年的时间内，无论采取何种衡量方法，中国都将极大程度地接近世界第一大经济体的地位，这一事实将对全球经济产生独特的影响，使其能更大范围地参与全球治理问题。

当前，中国是世界第二大经济体和最大的出口国。2014年12月，人民币已超过欧元，成为世贸交易中仅次于美元的第二大外汇。这些年间，中国还将成为最大的国际投资者。将人民币国际化被当作该规划的决定性目标之一。据权威人士估计，中国的全球资产将增加近3倍，从原先的6.4万亿美元增至20万亿美元，所有这些都将有助于巩固其全球经济的地位。与此同时，在金融秩序中必须考虑到规避股市风险，例如2015年夏季历经的金融风暴。

其次，中国经济正在经历结构转型的过程，它的加速发展意味着非公有制经济在现代化过程中将发挥更大的作用，正如减少官僚机构和调整公共部门相对于市场经济的作用。同样地，农村改革必须深化结构调整以提高其整体的效率。尽管2014年的研发支出已占GDP总额的2.1%（上海地区为3.6%），但是为了使中国成为技术强国，这一投入必须持续增加，使得先前的努力达到显著的效果。另一方面，中国必须加强对公共部门的改革，打造能够与世界上最强的竞争对手相抗衡的工业巨头。这是对《中国制造2025》计划的相应补充，该计划将有助于中国在全球范围内定位自己的商业品牌。与此同时，他们还在实施诸如"一带一路"合作倡议和经济走廊的项目，这些项目拥有众多附属基金以及第三国授权的双边基金的支持。在新型信贷手段的保护下，它们必会为中国的生产性资本的流入创造新的市场。

第三，应该将改革开放的各个环节联结在一起，不是仅限于严格意义上的经济层面，而是需要考虑到影响实现全面小康社会目标的各个方面。建立符合中国特色的现代社会救助体系，有利于为克服改革开放中出现的不平等现象作出决定性的贡献。

我们对中国当前改革阶段达成的共识是，这些正在发生的变化并非微不足道，而是会引起质的飞跃；发挥市场经济的作用，减少垄断等措施也都意义深远。改革导致的第一个结果是逐步减少公共部门在整个经济中所占的权重，解放迄今为止仍在中国共产党安全管控范围内的市场。

中国共产党可以在多大程度内实现经济自由化？这会导致对其政治领导地位的质疑吗？现任领导人认为，自由化的空间仍然没有动摇他们的领导地位，而他们也需要依靠它来实现自己的历史目标。中国共产党可以管理更多的市场和私营经济，并更好地控制其在政治领域的影响，但需要防止新的经济形势演变成具有挑战性的利益团体的情况。到目前为止，他们已经做到了。

时至今日，五年规划是否仍有意义？毫无疑问，基于其经济和政治现实，情况确实如此，五年规划还具有其特定的价值。五年规划是中国国民经济管理方式的一部分，其中包括对国家优先事项的定义及对中长期经济社会发展的导向。除1949年至1952年间，以及1963年至1965年间，中国一直都制定了五年规划。

"十二五"规划（2011—2015年）是在深化改革的基础上，制定出的一项关于建设繁荣与可持续发展社会的重要举措。胡锦涛提出的"和谐社会"是其基本框架，旨在缩减城乡之间、东西部地区之间及贫富之间的收入差距。同时，它从概念上提出对近三十年累积的失衡现状进行修正的建议。该规划还指出，发展的最终目标是从定量增长过渡到定性增长的模式，通过促进"科学发展"的方式来改变过去几十年间形成的占支配地位的模式。该规划的目标是达到每年7%的增长率。

"十二五"规划的总结特别强调在基础设施建设和农业现代化方面所取得的显著进步，也突出在社会秩序方面，特别是在劳动者的收入和养老金的领取方面做出的改善，尽管城乡之间仍然存在着巨大的收入差距。

"十二五"规划期间中国经济的平均增长率达到7.8%，远远高于2.5%的世界平均水平。不管如何，尽管有这一数据作为支撑，但是这五年关于假想的中国经济硬着陆及结构断层的观念的辩论从未停止。

应当注意到，在全球经济衰退最严重的时期，中国经济在2015年第三季度增长了6.9%，这是自2009年第二季度以来，季度增长首次降至7%以下。2011年第一季度以来，中国的经济增长开始逐渐下降，在四年间下降了4个百分点。阻止高增长率是个不争的事实，旨在通过降低利率，降低法定准备金率和取消对存款利率的控制等一系列长期允准的措施，引起银行之间的竞争，以促使其再度回温。

如果处在另外一个时期，我们可能还需对这6.9%的增长率感到担忧，但是按照中国参数先验性较弱的规律，我们现在就应该逆向性思维，因为中国正置身于另一种发展范例之中。

2008年金融危机爆发之时，中国做出了一系列投资计划，一些信息表明，2009年至2012年间，中国经济被注入约6000亿美元的投资。结果奏效了，从2009年第二季度到2010年第一季度，增长率从原先的7.9%提高至11.9%。当然，这里也曾出现过一些反常的影响：首先是缓和过渡，以优先关注这一紧迫阶段；其次是资源浪费，省级行政部门和与大型公共团体有关的、主要负责"有毒债务"的银行对其都缺乏一定的控制权。

改革的迟缓、出口市场的疲软，以及一系列内部因素推动了经济增长的下滑。在2010年第四季度，该比例上升至9.8%。2012年11月，新的领导班子组建后，该比例又下调至7.8%。在那之后，该数据就一直没有停止下降。

尽管股市仍有动荡，但是金融业开始蓬勃发展，服务和消费行业的盛行增加了其在整个经济体系中所占的份额。如果说，2005年工业生产占GDP的比重为46.9%，服务业的占比为41.4%，那么2012年服务业的占比已经超过工业生产，2015年服务业占比达到50.5%，而工业占比仅剩41.9%。目前，服务业是中国主要的就业来源。

不管在境内还是境外，人们普遍认为，消费和服务行业，以及充满活力的金融行业已经成为中国经济新的增长支柱。但这并不妨碍我们认识到，中国正在经历一种新形势。按照官方术语来说，中国正处于"新常态"阶段，其特征是经济增长的缓慢，而这种增长必然更为平衡和可持续。放缓增长的节奏对经济结构的再调整和发展模式的改变至关重要，这种改变跟创新和质量的关系要比投资和出口的关系密切更多。

这个时期的整体特点是调整，随着各领域措施的实施，无论是在国有企业、财政或金融体系，还是政府部门，"改革"都为这五年中的关键词。2013年，第一个自由贸易区在上海正式挂牌成立，它被看作是加速经济开放式发展的试验场，上海保税区也被李克强总理标记为国家新的经济开放和金融体系自由化的试验基地。在正式挂牌前的几个月，尽管由于中国当局审慎的态度，目前的影响还比较微弱，但是他们已经部分放开对银行利率的控制，以促进最低程度的竞争。预期在上海保税区将完全放开对利率的管控。另一方面，只要在"风险被控制"的条件下，自由贸易区将允许人民币的自由兑换和资本账户的开设，从而使上海成为与香港保持开放互补的国际贸易和金融据点。仅在三年时间内，人民币在国际最常用货币的排名中上升8位，目前排名第2位。上海必须成为与伦敦、纽约相当分量的世界级金融中心。

在上海，那些原先归属于被过度保护行业的外国公司将拥有更多的经营自由，当然在最初阶段，一些敏感领域的活动还是会受到限制，但是这些限制将会逐年递减。在保证信息安全的前提下，自由化也会对通信行业产生影响。

简而言之，建立上海保税区的改革愿景是显而易见的，但还需明确这一举措与迄今为止已在全国范围内广泛传播的、提供类似优惠政策的举措差别较大，它主要涉及测验某个特定政策的可行性及其将要承担的风险。因此，尤其是在面对可能造成非常不稳定的内部影响的金融投机行为时，谨慎和管控仍然是主要前提。

与此同时，"一带一路"合作倡议的发起还旨在促进三大洲（欧洲、亚洲和非洲）的基础设施建设和金融合作，推进诸如亚洲基础设施投资银行（AIIB）等机构，并获得了越来越多的国际反响。

在管理领域，政府当局减少行政审批的数量以拓宽市场空间，努力提升其创造力和培养创新企业家精神。

基于先前对"十三五"规划的认识，应该特别强调如下几点：

着重针对社会基本问题，为公平正义提供更大的保障。2020年实现小康社会的目标包括履行在中国共产党第十八次全国代表大会（2012年）上作出的将城乡人均收入较2010年翻番的承诺。

在不影响公共部门在基础设施等关键领域的投资发展和对宏观经济方向改善的前提下，着重减少国家的控制，加强市场在经济中的决定性作用。

着重强调对环境的改善。

着重金融改革和人民币国际化。

着重强调可持续增长，尽管增长速度较慢，但是可以通过促进内需和创新发展的方式来达到"新常态"，将高新技术列为第一产业。

着力于改善治理，强调对廉政建设的监管，加强对中国共产党内部纪律工作的建设，加强民主和法治建设。

简而言之，这是为加速全面改革和历史变革奠定基础，而这正是中国梦的本质。

中国共产党十八大的中心目标能更好地概括这些预期，即到2020年完成全面建成小康社会的承诺。

经济节奏的加快，发展方式的变化更新，关键部门改革的实施，正在推动着中国共产党将这些想法转化为具体政策。中国共产党的核心思想和首要任务仍然是发展。如果想要实现上述目标，换算成百分比的话，国家GDP年度增长率应该在6.5%至7%之间。

改革的关键在于改变发展模式。如果在不提高质量和效率的情况下，仅靠财政和税收方面（预算管理系统改革、税收结构改革以及中央和地方政府之间的关系的变化），以及其他严格意义上的经济规模的调整，改革很难成功地完成。

另一个重要的支柱是区域规划，其重点应该放在改变经济结构和改善内需之上。从这个意义上讲，诸如"一带一路"合作倡议（意味着中国西部地区的振兴）、京津冀经济带（作为区域行政现代化的支柱）以及长江经济带（被认为是中国经济的中坚力量）在内的大型项目作为三个增长基准，在"十三五"规划中发挥着重要的作用。

同样地，该规划还涉及金融体系的深化改革，以建立透明的资本市场，支持将人民币纳入国际货币基金组织的特别提款权计划，促进资本账户的自由化及人民币的国际化。

当然，该规划还强调向更多的垄断行业开放投资，尤其是石油、天然气、电力、电信、运输及公共服务行业。此外，到目前为止，在公共部门的特别计划下，越来越多的中国公司受到鼓励，开始在外国进行项目投资。

改善环境是该规划的另外一个关键点。在这五年期间，由于实施防止空气污染和水污染的行动计划，中国在环境保护方面已取得可观的改善。绿色发展基金将通过扶助清洁能源和绿色运输，以促进清洁生产模式的发展和可持续增长，控制主要行业的碳排放以及促进循环经济发展。在已经宣布的措施中，值得一提的措施是：通过限制其他部门进行干预的可能性，使得控制机构更加独立，这也意味着取消区级环境服务机构和建立相应的监督机构。这个变更过程应该是循序渐进的，目的是逐渐吸取先前试点的经验，增强省级环境部门的执行力。所有这些改革旨在减少用于建筑的能源、水资源和土地资源的消耗，以及每单位GDP的能耗，同时也加速对煤炭和其他化石燃料的替代。自2001年以来，2014年的碳排放量首次下降2%，没有比中国这样更负责任的做法。

经常性被遗忘的农村地区，仍然是中国经济发展和社会稳定的关键所在。改善土地管理意味着对土地的使用进行全面规划，确定商业开发的资格，赋予各区县更多的权力、责任和利益，以刺激改革和试验替代方案。这项农村改革计划最终旨在实现提高农民收入和继续区域现代化的双重目标。到2020年止,将通过试点项目调整农业管理和农村公共产权制度。

"十三五"规划也未曾忽略区域战略的发展,以及如何使互联网更大程度地融入传统行业。该范围包括沿主要河流、公路、铁路以及沿海地区而形成的经济带,尤其要涉及各个关键的经济领域。就互联网计划而言,它旨在使传统行业变得更为高效。

最后,技术创新并不仅是旨在加强这一层面的内在能力,更是寄希望于在国际科学项目中发挥领导作用。现阶段,创新已经提升至与经济发展同等关键的地位,这一过程与促使工业部门向中高端范围的发展密不可分。

该规划提出,城市化将以更快的速度发展。至2014年底,城镇登记人口占总人口的比例为35.9%。而在2020年,中国的城镇化率已达到45%。

总结以上所有的预期,习近平任期内制定的第一项规划标志着真正意义上中国人民生活质量的飞跃。该规划的主要目的是设计出能够维系各类社会政策实施的现代化方案,使得发展能够改善民生福祉,从而让中国社会能够共享过去数十年间在苛刻条件和艰苦努力中收获的不易成果。

另一方面,中国对市场经济的改革将持续进行,政府对经济活动的干预将大大减少,以便市场能发挥其更加重要的作用。值得考虑并权衡的是,在资本影响力越来越大的情况下,市场在资源分配中起着决定性的作用,因此该规划必须确保市场不会损害人民的共同利益。

习近平提到发展的"三个规律":遵循经济规律的科学发展道路,遵循自然规律的可持续发展道路,遵循人类社会规律的包容性发展道路。他总结了"五大发展理念",即创新、协调、绿色、开放、共享。

为了实现总体计划目标,该规划有效期内经济的增幅不得低于6.5%。在中国整体发展的背景下,这样的增速是适度的,但是增长质量也需与预期相匹配。即便如此,"十三五"规划在强调近年来正在酝酿的重要转变的同时,也在逐渐减少对指标的关注,将定性目标放在首位,更多地谈论产业优化、技术发展、区域协调等这些基于先前文件而提出的创举和规划。现在更新为"中国制造2025""一带一路"等新的表达形式,以实现更高质量、更有效率、更加公平、更可持续的发展为其共同点。

"十三五"规划是中国经济进入"新常态"模式以来的第一个五年计划,它的实施无疑深化了新一轮的改革开放,并且将加速中国向开放型经济模式的过渡。与此同时,一些省市也进行着相应的改革。根据预先建立的"准入前国民待遇加负面清单"的管理模式,中国在上海、天津、福建和广东四个自由贸易区率先试点,中国还向外国投资者开放包括金融服务、商务和旅游服务、健康医疗在内的六个重点领域。这些过程将成为分析、权衡和概括的对象。

此项规划还会影响到领导小组所引导的经济转型管理,且该小组是以深化习近平领导的改革为核心的。这是一项艰巨的任务,还会影响到公共银行和国家大型工业集团的改革,而迄今为止这些改革仍被认为是有缺陷的,会导致资源的浪费和污染的增加。改革仍在继续,而且有可能会加速进行。

第二节 另一种全球化是可能的

在联合国大会、达沃斯世界经济论坛、亚太经济合作组织领导人会议、二十国集团峰会、金砖国家峰会及财富全球论坛中，习近平多次重申中国对经济全球化的承诺。他强调，全球化不是导致全球经济低迷、失业率高、贸易保护主义加剧，民粹主义、孤立主义和恐怖主义盛行，欧洲和中东地区的难民危机及贫富悬殊的原因，将这些存在的问题归咎于全球化影响的做法是错误的。

2017年，国家主席习近平在达沃斯论坛中指出："面对经济全球化带来的机遇和挑战，正确的选择是，充分利用一切机遇，合作应对一切挑战，引导好经济全球化走向。"[①]对于中国而言，多边主义是解决全球问题的基础，共建未来社区是它的基本支柱，这一目标需要通过习近平2013年提出的"一带一路"的合作倡议来实现。

对经济全球化的这种辩护是更具广阔视野的体现，指向创建新的替代性国际关系模式。中国是一个由中国共产党执政的国家，但它却随时准备迅速地举起那面旗帜，特别是当世界上众多左翼势力已经看到全球化及其影响之时，这无疑是令人吃惊的。但是，如果我们考虑到中国一直是这一进程中受益最大的国

---

① 习近平：《共担时代责任，共促全球发展》，《求是》2020年第24期。

家之一，那么这样的做法也就不足为奇了。这很大程度上可以说明，目前中国已是世界第二大经济体的情况（按购买力平价来衡量的话，中国已经是世界第一大经济体）。中国目前是120多个国家和地区的主要贸易伙伴。

中国的这一承诺是世界地缘政治调整中不可分割的一部分，说明它正准备承担起大国的职责，这也是2017年中国共产党的十九大宣布的"新时代"的明确标志。习近平自担任国家领导人以来，他多次出访，这大大提高了中国这个亚洲巨人的国际认可度。在特朗普政府特别戏剧性地宣布退出《巴黎协定》之时，中国政府打算继续增加对联合国维持和平特派团的捐赠，并且更加坚定地支持巴黎气候变化大会的协定，所有这些都是息息相关的。

由于国际形势的复杂性，一个核心的、但很大程度上出乎意料的问题被摆上了桌面：中国可以领导全球化吗？根据世界银行的统计数据，1996年至2021年间，世界经济增长了三倍以上，许多人实现了脱贫。但自2008年经济危机以来，全球财富和贸易相应减少，反对全球化的声音也越来越大。所以对于中国而言，问题不在于全球化本身，而在于其管理方式是否被认为是不适宜的。中国正在摆脱华盛顿共识提出的新自由主义模式，试图将自身作为西方模式的替代，强调在一种更为灵活、开放和可持续的框架中，加强基础设施建设和贸易，使全球化更具包容性，并能纠正不平等和不平衡的现状。

尽管发达国家不会在关键问题上给予中国较大的话语权，但是对于广大发展中国家而言，中国的地位却是举足轻重的。中国可以找到更多接受其愿景、项目规划和金融资源的合作伙伴，并尝试与之建立新的对外开放模式。2017年12月，在北京举行的中国共产党与世界政党高层对话会中，前世界银行中国首席经济学家林毅夫非常清楚地表示："竞争必须在平等的前提下进行。我们的企业和市场需要支持竞争，跟上发展的步伐，才能保证不被来自经济更为发达的国家的企业所压垮。"这种观点从开放管控和民族工业保护的角度切入，获得了支持者的拥护，尤其是准备宣布增加进口和降低关税以"促进平衡贸易的发展"时。

这种关系不仅仅体现在经济层面。2017年12月，在中国首都北京举办的南南人权论坛上，与会者要求世界尊重发展中国家在促进人权方面的意愿。与此同时，考虑到特定的国情和社会需求，他们还强调生存权和发展权，以及一系列针对个人政治秩序特权的经济、社会和文化方面的权利。

而发达国家的着眼点却截然不同。2017年底，在阿根廷布宜诺斯艾利斯举行的世界贸易组织部长级会议上，世界四大经济体中的三个，即欧盟、日本和美国都在强烈谴责中国的"过度贸易"。发达经济体集团指责中国坚持补贴，坚持大型国有企业扮演重要角色以及强制技术转让的做法，他们认为中国正在从不公平的竞争条件中获益。这同样也影响到对中国市场经济的认可，美国凭借此而正式拒绝中国在这方面的要求。尽管根据中国2001年加入世界贸易组织之时签订的议定书第十五条规定，这种认可将在15年后自动生效，届满中国将自动取得市场经济地位。就欧盟而言，为了试图绕开这一限制，它发布了新的反倾销规则，以取消"市场经济体"和"非市场经济体"之间的区别。这种新方法随即被中国政府予以否定，指责布鲁塞尔（欧盟委员会办公地）"违反了世界贸易组织的规则"。

在中国，市场是由中国共产党所管理的市场。只要国际社会不承认，具有这些基本特征的经济也算是西方自由经济体所定义的"市场经济",那么中国的经济也只能算作是初具市场雏形。

因此,美国的隐退,在坚持重要开放战线的欧洲或亚洲的框架下进行的全球化,以及中国指出的发展中国家联合起来的观念,似乎都在冒着两个全球化模式并存的风险,而这可能会导致未来几年内交集和冲突的持续增加。

第三节 面向全球化的参与者:
　　　从接收者到投资者的转变

中国政府估计,未来几年中国在海外的投资将以超过10%的速度增长。2002年,中国对外投资净额升至27亿美元,2013年达到1078亿美元,已经跃居世界第三大经济体,仅次于美国和日本。目前,中国在国外的投资已经超过其收到的资金。

中国的行动战线和目的各不相同,有的指严格意义上的经济特性,有的是与战略发展的目标相关。不论如何,我们所提到的国家或部门还是具有巨大的政府决策指导能力的。

截至 2020 年 4 月，中国已经在美国国债上投资超过 1 万亿美元，位居全球经济体的主要贷方之列。从目前作为当务之急的能源领域来看，它正朝着技术方向发展，巩固其在全球领域范围内的权重地位，如新能源汽车。从亚洲到欧洲，随着储备和限制的模糊，向西方发达国家的跃迁变得越来越重要。

从另一个同样具有战略意义的角度来看，人民币的国际化程度在不断提高，国际交易中人民币的使用程度也在迅速提升。现在，中国已经与德国、英国、法国、卢森堡和韩国达成协议，开设人民币商务中心。与此同时，中国还签署了许多双边金融协议，将人民币用于商业运作。2014 年，英国政府首次在西方国家发行了规模为 30 亿元的人民币主权债券。同年 4 月，人民币成为国际支付中使用量排名第七的货币。2013 年，人民币成为世界贸易中领先于欧元且使用率第二高的货币。欧洲和世界许多地方都在争夺建立人民币市场的机会。毫无疑问，人民币具有作为未来储备货币的潜力。

中国企业（主要是国有企业）一直在逐年增加对国外的投资，这是一种长期发展趋势，并且得到了政府的大力支持。其中，一些投资旨在完全或部分收购西方陷入困境的企业；其他的资金旨在拥有便利条件之时，致力于改善基础设施建设，以使中国经济在遇到困难之际，能够有效应对自身产能过剩的问题。就目前而言，中国的经济增长率处在跟先前相比相对适中，但仍令人羡慕的趋势中。这种能力在世界其他地方尚未知，它不仅能够在纸面上绘制出经济走廊路线，而且还可以改变全球的地缘经济学。

中国不仅要使外汇储备投资组合多样化，而且还要创造条件来应对其产能过剩的情况，并附带优化其经济结构。附加信息也是显而易见的，我们没有理由感到焦虑不安，因为中国的崛起对全球经济是有益的。

在"一带一路"框架内，习近平还宣布向丝绸之路经济带筹资400亿美元，该资金注资亚洲基础设施投资银行，为整个亚洲、非洲和欧洲的市场连通提供资金的支持。习近平主席在亚太经合论坛的企业家峰会上致开幕词时提到，在未来的十年内，中国在海外的投资总额将达到1.25万亿美元，成为世界经济增长的显著驱动力。

与此同时，其他杰出的成就也应运而生。例如，2014年11月，上海和香港之间的互联交易所开始交易，这是中国资本市场开放的重要一步。上海成为伦敦和东京之后的第三大证券交易所。

在这种情况下，国际货币基金组织发布的使中国在购买力平价方面成为世界领先经济体的数据，似乎也并不荒谬。但是切忌忽略这样一个客观事实，即它名义上仍缺乏美国所具备的显著优势。

这幅全貌图向我们展示出一种复杂的潜力，其发展过程中还会面临许多风险和挑战。但是，毫无疑问，从包括货币在内的各个层面来看，未来几年中国的海外投资量都将成倍增长。

中国的金融热潮发生的背景是，西方大型经济体抑制新兴经济体在全球治理的过程中表达自己的声音，这引发了新兴经济体的强烈不满。金砖四国对未能遵守2010年批准的国际货币基金组织份额改革而深感失望，国际货币基金组织和世界银行的投票权和相应配额并未能真实地反映当前的现实状况。中国决心抓住当前的战略机遇，不再等待其竞争对手的再次审议，直接采取手段来制止那些旨在破坏第三方加入其倡议的外交活动。西方国家的否定促使中国开始努力克服或重构现存的社会秩序。

在这场竞争中，亚太地区被公认为是中美最为偏爱的、争夺权力和影响力的竞技场，而这种竞争也延伸至东京，以争取其区域领导权。尽管中国在向新发展模式过渡的阶段出现了经济困难，但是现在正处在为多极化世界发展提供资金的最佳时机，这种方式可以逐渐替代战后西方国家所采取的政策手段。

现在，人民币在世界金融体系中发挥着新的作用，中国政府也表达开放其金融体系的意愿，这使得美元遭遇困境，开始质疑西方在全球金融治理中至高无上的地位。

鉴于中国比现存的国际银行更有可能倡议雄伟的计划，除了管控的金额外，更重要的是在其实施过程中内化诸如透明度、尊重环境及社会责任之类的准则，否则焦虑和担忧将远超他们的设想。

至2020年底，如期完成中欧投资协定谈判代表了双边关系管理中重要的质的飞跃，且具有其全球影响力。这项协议使人们克服不情愿的现状，并建立一个具有极大潜力的发展概念框架，以加强两个主要经济参与者之间的各种联系。

第四节 "十四五"规划（2021—2025）的前期辩论和基本方针

在 2020 年，中国共产党发布了制定民营企业发展政策的新指南。从认识民营经济已经显著扩展的现状，到发现参与其中的重要社会阶层的利益开始多元化，中国共产党意识到这将给其领导带来风险与挑战，并提出能确保其在该领域优越性的相关政策。除了改善发改委和企业及其法人机构之间的沟通，他们还提出诸如培训部门领导人，加强中国共产党政治思想影响力之类的措施。这些措施的中心思想是，加强民营企业中中国共产党基层组织的建设工作，即加强党对私营经济的领导。该准则影响所有内地民营企业，当然也包括香港和澳门公民开办的企业。

当然，在中国共产党考虑对其发展模式进行重大调整之际，国有企业也是其关注的重点。同样在 2020 年，中国共产党发布了一项关于国有企业改革的三年行动计划，坚持发挥其在核心业务中的作用及其内部调整的重要性，以此改善其对中国经济的总体支撑作用，必须放弃不必要领域的业务以专攻其核心领域的业务。在2020年9月17日的国务院工作会议上，时任总理李克强坚持认为，坚定不移地巩固和发展国有企业不应以放松对民营企业的支持为代价。他说，这两者必须相辅相成。

总的来说，这并不是在为恢复计划经济铺路（尽管有人用这种方式来解释，但是事实并非如此），而是要确保对正在进行转型的民营企业的支持，通过政治控制手段，以确保该进程不会削弱中国共产党决定经济最终发展方向的能力，这是为发展提供新的扩张动力的前提。因此，预计中国共产党对民营企业的参与将会持续增加。

上述措施清楚地表明，在后新冠肺炎疫情时代，基于国内外的重点改变，除围绕中国发展政策的辩论外，中国共产党在中国经济上的领导地位也将根据新的增长方式进行调整。优先考虑出口已经成为过去，现在国内消费市场和投资将是增长的主要动力。人口收入的增加（促使中产阶层的增加）和服务业的发展将维持新消费的螺旋式增长。在这种情况下，私营经济的增长潜力是其主要驱动力之一。

在这一新发展战略中，采取积极措施以减少社会的不平等现象至关重要。没有这一前提，中国政府很难将国内消费发展为经济增长的有力支柱。加快社会秩序的改革必须更好地进行财富分配，以及更大程度地实现发展利益的普遍化为基础。世界第二大经济体的人均 GDP 刚刚超过 1 万美元（至 2020 年），因此，从这个角度来看，中国人均收入排名在全球处于中等位置。按照这样的形势，现仍有很多工作亟待处理。

在 2020 年召开的第十九届中央委员会第五次全体会议上，中国共产党将"十四五"规划和 2035 年远景目标纲要联系在一起。也就是说，这是习近平提出的两个重要发展规划中的第一步，旨在 2049 年中华人民共和国成立 100 周年之际，达到实现"社会主义现代化强国"的目标。

"十四五"规划的框架核心在处理人民日益增长的美好生活需要与不平衡不充分的发展之间的关系，这被中国共产党和习近平定义为"新时代"的主要矛盾。那些不平衡的现状迫使中国共产党作出明确承诺，表达其努力克服社会不平等，改善国内凝聚力，应对环境挑战和延续技术飞跃的意愿，这是在加快其发展进程的同时保持国家特色、维护主权的决定性因素。我们不能仅以这五年期间的变化来衡量中国经济和社会的深刻变革，在未来的 15 年内，我们必将共享这场变革的硕果,届时中国将已完全成为世界领先的经济大国。"十四五"规划绝不仅仅是一个简单的计划。

面对特朗普政府提出的美国单边主义,习近平领导的中国政府声称自己不仅是世界经济的主要引擎,而且更是全球化的拥护者。中国重新举起被特朗普政府和美国保守主义及其全球战略弃之一旁的旗帜,坚持全球化与基础设施建设,包容性、可持续性和环境保护等相一致的步调。随着与美国贸易战的加剧,脱钩的呼声也越来越高,大流行对全球经济的增长产生深远影响,中国随之对其发展战略进行了新的调整:在不放弃全球化的同时,致力于"双循环"的新型发展格局和理念,旨在内化资本驱动,即着重于技术创新、产业转型、大规模数字化等方面,同时依然倚重其与外界的关系,中国将永远保留这种相互依存的模式。

第四章
一个更有主人翁意识的社会

深化社会改革是习近平新时代中国特色社会主义思想的特征之一,因此,确保向新发展模式的过渡,并在这一进程中共谋社会的发展,是目前政治经济领域的当务之急。

第一节 克服不平等,消除差距

中国在社会转型中付出的努力是巨大的。的确,贫困现象逐渐减少,人民的生活水平逐渐提高,但是人类发展指数仅从 1990 年的第 103 位上升至 2016 年的第 90 位和 2019 年的第 85 位，基尼系数也仅从 2017 年的 0.467 上升至 2020 年的 0.468，这些数据依然警示着问题的严重程度和演变趋势，因此我们必须仍从一个发展中国家的角度来具化这些弊端。解决收入差距的问题亟需更为深入的改革，该差距的持续存在和恶化必将对政治稳定构成严重的威胁。不应该忘记的是，那些为国家繁荣作出过巨大贡献的人正在期待从中获益。

注重社会公平，坚持以纠正不平等现象为导向的公共政策，是过去几十年间从未推卸的职责，以期将过去几十年所取得的成就用之于民。这不仅涉及用提高工资收入的方式来提升人口的消费能力，而且还在寻求一个包罗万象的正义仲裁机制，以不惜一切代价恢复在迅速增长过程中已逐渐让步的价值取向。

2013 年颁布的《中共中央关于全面深化改革若干重大问题的决定》（后简称《决定》）中指出，针对收入问题，中国可通过税收来完善二次分配制度，主张提高劳动报酬在初次分配中的比重；缩小城乡之间、不同地区和不同部门之间的收入差距是其核心目标；中等收入群体所占的比例更大。按照目前的五年规划，中国的年均工资收入会增长13%以上。

与此同时，《决定》还涉及建立一项机制，呼吁逐步提高退休年龄（目前男性退休年龄为60岁，女性为55岁）；考虑到老龄化群体日益增长的特殊要求，关注留守儿童以及滞留在农村祖父母的命运，以提供完善的社会保障体系。

另一项计划是扩大养老保险的范畴，采取能使得所有公民受益的更为公平和可持续的社会保险计划，城乡居民将能享受同等的医疗保险待遇。作为补充，政府还提出要拓宽社保基金的投资渠道。官方数据显示，仍有约两亿人口有待加入中国的老年人社保计划。截至2020年，中国基本医保参保人数达13.6亿人次。

习近平指出，尽管目前已基本实现人人温饱，收入差距也在逐年减少，但是个人贫富差距的问题着实令人担忧。据摩根士丹利预估，到2030年，中国家庭人均收入将翻一番。但根据北京大学的一项研究，中国约1/3的财富掌握在1%的人口手中，而占比在25%的最贫困人口仅拥有财富总额的1%。目前中国的发展目标是，将年人均收入（2019年中国人均GDP高于10000美元）提升至"中等发达经济体的平均水平"。这一雄心勃勃的目标要求：至2035年，中国的收入水平将提高三倍，年人均GDP将与年收入约为30000美元的韩国或西班牙等经济体持平。

另一方面，目前中国的医疗保险已经覆盖超过95%的人口，教育、就业、住房、交通和养老等方面的水平也已普遍提高，这是当中国共产党被批评或质疑缺乏尊重人权的敏感性时的有力回击。事实证明，中国已经做出巨大努力，并取得了显著改进。即便如此，获取医疗救助的机会仍不均等，而优质资源的不可用性使得预付所需费用变得极其困难。

教育平等仍需做出更多的努力。目前，中国的教育支出的占比正在逐年增长（例如，2016年的教育支出占GDP比重的4.22%，比2015年同期增长7.64%）。

人口平均预期寿命从2010年的74.83岁增长至2017年的76.47岁，而资源匮乏的人口占比也从10.2%下降至不到4%，已经彻底消除了极端贫困，这些令人鼓舞的数据将为社会进步提供更大的推动力。

总而言之，中国仍是一个收入不平等的国家，还需采取果断的行动。1981年中国的基尼系数为0.3，

2008年为0.49，2010年达到最高值0.61，之后上升趋势开始了持续逆转，到2020年回落到0.46。根据世界银行及中国社会科学院的报告，2011年中国城乡收入的差距在3∶1左右，中西部地区的人均GDP仅为沿海发达地区的一半，2012年至2016年，该差距缩小了0.16个点，关键在于以低于预期的速度改善农村收入和生活条件。事实上，由于失业率降低和人口老龄化，在城市工作的农民的工资大幅提高，如果他们继续在当地登记，这也将改善农村地区的数据统计。

中国国家统计局采用恩格尔系数来进行统计，2016年，该系数为30.1%，比2012年下降了2.9%，联合国粮食及农业组织采用该系数来描述人们在满足基本生活需求方面的困难，如数值在50%至59%之间，则表示人们几乎无法满足他们的日常需求，而低于30%，则说明他们基本可以过上小康生活，中国将处于这一可接受的水平。

2018年是中国改革开放的第一个40年，如今的中国日益富强，但仍然需要为再分配做出重要努力。改善社会不平等的现状是其面临的最大挑战之一。毋庸置疑，经济、军事或科技实力固然重要，但是作为软实力重要标志的社会公平也同样重要。

努力实现重要的历史目标（如消除极端贫困），必定伴随着解决不平等现象等重大结构性问题，如果现在不采取积极措施，这些问题在未来几年内可能会恶化。例如，老龄化人口迅速增长，至2035年将达到4亿人。在国家加速城市化进程的背景下，中国有必要提高养老金待遇，为如此庞大的社会群体提供相应的服务。

第二节 主要的人口挑战：从户口到独生子女

改革开放的这些年，人口结构也出现重大的转变。2011年至今，中国现有超过50%的人口居住在城市，而1978年改革政策实施之初，这一占比仅为18%。几十年快速的城市化进程给中国的经济和社会带来翻天覆地的变化。2015年末居住在城市的55%的人口中，城镇户籍人口不到40%；而到2020年，居住在城市的人口超过60%，其中城镇户籍人口超过45%。

中国有近3亿的农民工，但是他们中大多数人都没有"城市户口",即永久居住证,所以他们不能享受同等的就业和社会保障服务权利,他们的孩子也不能在城镇学校就读。没有城市居民的身份,农民工在城市就没有归属感,购置城镇住房对他们来说也不是一个具有吸引力的选择。中国所谓的"流动人口"约占中国总人口数的30%,占全国劳动力的近1/3。在过去的40年间,他们的贡献对于创造中国经济的奇迹至关重要。

2013年制定的《中共中央关于全面深化改革若干重大问题的决定》,将加快户籍改革纳入城镇化进程,提出"合理"登记的需求,以便一些农村户口居民可以进行城市人口登记,但这还必须克服那些担心对其服务质量和价格产生影响的城市居民的抵制。需要注意的是,2012年,全国只有27%的居民拥有城市户口,有约3亿居住在城市的流动人口拥有农村户口。

逐步开放户籍,尽管不是一蹴而就的,但是这不仅意味着数百万人在中小城市扎根下来,而且也意味着大批农民工被纳入消费结构体系。

户籍作为一种有效的流动性管控工具,已经实施70年,它旨在控制内部人口的自由流动。如果在改革开放和社会主义现代化建设新时期，放松管控是促使劳动力从农村流入城市，旨在为中国的腾飞注入活力；那么现在提议的，在得到明确监管认可的前提下，实施更大规模的自由化，则是为了加速城市化进程，提高劳动力的流动性及促进消费的增长。通过这种方式，中国能为内部市场的发展提供助力。

正在研究的改革方案不会影响那些人口总数超过500万的特大或中等城市的现状，但对所有进行试点经验推广的城市而言，这是确保简易住宅可以作为获得城市户口的依据，也意味着他们的持有者可以在与其他公民类似的条件下，不受限制地享受相应的公共服务。当然，考虑到对其服务质量和价格的影响，也可以在进行城市登记时设定可接受的要求。以广东省东莞市为例，他们要求至少在当地缴纳5年以上的社会保险。

尽管国家也在努力振兴农村经济，但是其中许多人并未能够在所在地区找到合适的机会。另一方面，他们也渴望在城市获得比原籍地更好的教育和卫生服务。当然，除了能给他们提供更好的机会外，收入的增长也很重要。据国家统计局数据，2018年，居住在城市的农民工每月可赚取略高于3700元（约475

欧元）的报酬，而在他们家乡田间劳作的话，平均收入仅会达到1023元（约126欧元）。因此，户籍改革有望再出现新的飞跃。

近年来，最为敏感的问题之一，即对待独生子女政策的态度也在发生显著变化。劳动力的减少和人口老龄化的趋势导致计划生育法修正案的出台，以鼓励夫妇生育两个后代。2013年《中共中央关于全面深化改革若干重大问题的决定》规定，在配偶双方之一是独生子女的情况下，婚后可生育两个孩子。这一管控的放松使得中国的出生率保持在稳定水平，中国的人口将维持在低于15亿的规模。2017年，中国的生育率在1.5至1.6之间，目标是将它提高到1.8。在中国，独生子女家庭占到总数的37.5%。但是，在此规定出台前，当第一个孩子是女孩或者配偶双方中的一方为独生子女时，少数民族家庭仍可生育一个以上的孩子。

近几十年来，中国存在的人口生育问题已经基本得到处理。中国成功地建立起一个高度专业化的计划生育管控政府，有能力在这方面采取一些政策来控制人口增长。管控的结果有目共睹，中国从1949年的每名妇女生育6.1个孩子，降至2017年的1.68个，从这方面来说，计划生育取得的成绩是显著的。高度限制和严厉管控政策的实施，确保中国共产党推动经济改革进程的步伐。

习近平现在还面临另一个层面的问题。除了老龄化和性别失衡的问题外，中国还应当注意传统家庭结构的转型，引导家庭关系向积极因素方面转变，比如使得夫妻之间的关系更为平等。相较于先前孩子众多的家庭（"养儿防老""多子多福"）和毛主席的口号（"人多力量大"），现在家庭多为"421"模式，即4个老人、2个成年人以及1个后代。

中国共产党2013年11月的《决定》实施后，放宽独生子女的政策使得全国越来越多的省份开始提倡夫妇生育二胎。然而，中国正处于人口新时代的开端，我们可以期待他们采取更为精准的政策来应对当前的挑战。

据官方数据统计，独生子女政策的实施虽然阻止4亿多中国人的出生，但在过去的十多年间，它也导致中国减少了约3000万的劳动力。另一方面，到2050年，中国老年人口的占比将比目前的翻一番，即人口占比超过15%。当然，性别失衡也是众所周知的。到2030年，数百万的男性将无法找到妻子，尽管说这种趋势已有一定程度的放缓。2012年，每100位女孩出生的同时，约有118位男孩出生；截至2017年底，中国男性比女性多出3266万人，并且2016年底的数据为3359万人。然而，许多中国专家认为，这种管控放松的影响不大，尤其是对城镇居民而言，因为它只适用于其中1500万到2000万左右的人口，而且其中也只有一半的人愿意生育一个以上的孩子。

第三节　消除极端贫困

据中国官方报告显示，截至2020年底，中国最后几个最为偏远的地区也已经基本摆脱了极端贫困。几代人漫长而艰巨的任务就这样完成了，其意味着数亿中国人摆脱了不发达的现状和最为屈辱的苦难。很难相信中国能取得这样的成功，鉴于其近年来取得的进展，许多人认为这是理所当然的。无疑这样的现状并未能在全球范围内引起它应得的反响：中国取得的成就相当于全球贫困人口减少70%，而且它比联合国《2030议程》确定的最后期限提前了10年。在中国，贫困线标准定为年收入4000元（约510欧元）或每天1.9欧元（按照国际标准为每天1.8欧元）。

当然，不平等和不平衡现象仍有待解决，但是这里也标志着一种趋势。随着脱贫攻坚的持续推进，中国的贫富差距指标，基尼系数从2008年的0.491降至2019年的0.465。"十三五"规划期间（2016—2020年），城乡居民收入差距持续缩减，由2015年的2.73∶1缩小到2019年的2.64∶1。2020年，中国的人均GDP已经突破1万美元。

在失衡问题方面，不少困难也依然存在。例如，据官方数据显示，受经济疲软和人口外流影响的东北三省的GDP总量仅占中国最富裕的广东省的47%左右，这无疑会影响当地常住人口的生活条件。

在这两个方面仍显现出一个复杂的社会现实，这将迫使其采取持续多年的行动，以实现更大范围的国内凝聚力和社会公平。

但是，中国已经成功消除了极端贫困，这首先表明了实现这些目标的可行性。当然，它仍然需要毅力和政治意愿，允许因地制宜，依据当地的现实情况来解决相应的问题。例如，中国优先考虑发展基础设施、贸易、就业、创新、技术、教育和公共服务等方面。中国共产党的经验表明，发展是脱贫的万能钥匙。

当然，我们还必须意识到，中国的成功放大了我们的失败。我们不断地宣扬市场和自由社会的益处，以致我们自己都羞于启齿，无法摆脱这种模式的弊端，它只会日益加剧不平衡和不平等的社会现象。尽管我们曾历经跨越式的发展，也许仅是因为它确实是这种系统模式所固有的。在中国，取得这些重大的成功不是市场的作用，而是依靠国家的宏观掌控。

首先，中国利用大量规划和独特的内部帮扶机制，以及强大的公共投资和明确的目标，突出发展该国东部最为发达的那些地区，甚至还包括投资很多公司，尤其是国有企业，当然也包括民营企业。多年来，所有这些参与者都会将部分资源和利益分配给最贫困地区，以支持他们自身的发展。因此，深化其发展模式，建立东西方发展与贫困的对话将是非常便利的。这样也有助于完善国际援助体系，以缓解一些贫困地区所遭受的困苦，但却无法使他们摆脱导致他们陷入这种境地的结构性和系统性的缺陷。

然而这与新冠肺炎疫情的管控如出一辙，地缘政治和意识形态的必要性似乎胜过对证据的认可。中国在新冠肺炎疫情的形势中成功消除了极端贫困，而欧洲和美国的感染，死亡和挣扎在饥饿线的人数却在持续增加。

中国在脱贫攻坚方面取得了长足进步，这一点毋庸置疑，甚至可以说，这是世界上最有说服力的消除贫困的试验。1981年至2004年间，该国的贫困人口减少了约6亿人；截至2012年底，农村的贫困人口数量已降至9899万人，比上年减少超过2300万人。2017年，中国拨款180亿欧元用于彻底根除极端贫困，约5000万人从中获益，并且其中60%以上的资源是由中国政府直接授权的。

在脱贫攻坚的最后阶段，贫困数字的减少并不像过去那般"容易"。首先，这些居住在山区、沙漠和其他"环境恶劣"地区的居民需要搬迁至相对舒适的环境中。这是一项极其费力的工作，因为有时会涉及一些与文化认同相关的问题，即对某些生活方式的依恋与现处环境相冲突的问题。另一方面，城市贫困又是另外一种情形，需要进行差异化的管理。

先前由于发展不足而难以解决的贫困问题被看作是尊严的代名词，甚至是培养牺牲、谦逊和团结等美德的理想手段，那一时代已经一去不复返了。

与先前的中国形成鲜明对比的是，现在的中国正在成为世界上亿万富翁人数最多的国家。根据胡润百富榜，尽管经济增长放缓，但是2014年中国最富有的那批人仍然创下了历史最好成绩。中国随后增加了596位亿万富翁（如果加上中国香港、中国澳门和中国台湾的资产，总人数可达715位），而美国当时亿万富翁的人数为537位。据国家统计局数据显示，2019年中国最富有的20%的人口的年均可支配收入超过1万欧元，为同样占人口20%的贫困人口的10.2倍。

中国政府将最大的数据相对化，突出强调中产阶层人数增多是毋庸置疑的。评估其实际数据已经十分困难，就其特性达成共识则更为艰难。因此，脱贫成为适应社会经济动态的首要目标，也是第一步。随后在其每一步的成长过程中逐渐稳固这一群体，使其成为中国新发展模式增长的重要支持。

因此，中国必须通过减少不平等现象的措施来维系彻底消除贫困斗争的成果，否则这场胜利最终可能功亏一篑，并且严重破坏中国近几十年来经济扩张的态势。目前，这一趋势正在缓和，但仍然比预期的速度要慢。

2015年作出承诺后，彻底消除极端贫困成为中国的首要目标。毫无疑问，这是一项伟大的历史成就。在这一前提下，即使新冠肺炎疫情及其影响非常严峻，也没有人怀疑它的可行性。与此同时，中国各地政府都意识到，必须在一段时间内保持高度警惕，加强管控和践行承诺，以避免出现倒退现象，因为至少在农村大部分地区，情况仍然十分复杂。平心而论，中国共产党亦承认，要避免在这方面出现反复，依旧任重而道远。

另一方面，中国必须将这一声明看作一个更为深远的承诺，继续以改善国家民生福祉为目标，否则就难以扩大中产阶层，并且使得消费成为经济增长的重要动力。2020年5月28日，中国时任总理李克强在全国人民代表大会第三次会议闭幕会后举行的记者会上表示，"中国有6亿中低收入及以下人群，他们平均每个月的收入也就1000元左右"。目前中国人民仍需考虑的社会现实是，这个非常严格的绝对贫困的衡量标准是将数以亿计的靠极低月收入挣扎求生的那部分人排除在外的。

该事实表明，中国政府仍然有许多工作要做，这也是中国真正意义上的社会改革长征。因此，正如李克强总理在2020年11月21日与五省（广东、黑龙江、湖南、山东、云南）地方政府人员视频会议中所概述的那般，地方政府官员应该脚踏实地搞好经济，坚定进行抗疫斗争、扩大就业、促进民营企业经济发展、刺激投资等。

消除极端贫困，全面建成小康社会，完成2020年人均国民生产总值比2010年翻一番的目标，是中国社会议程的突出标志。然而，如果希望中国共产党的十九大向我们宣传的富强中国同时也是一个注重公平公正的中国，那就需要采取更为持久的行动，作出更为长远的承诺。在习近平的政治理念中，也存在一种以普遍改善社会和生活条件为核心的发展模式。

全面建成小康社会，是习近平提出的中国共产党"四个全面"的战略布局之一，其他还包括全面深化改革、全面依法治国和全面从严治党，未来几年的社会发展路线中的很大一部分都与这些目标密切相关。

第四节 环境改善

目前，应该承认处理环境问题的方法已有显著改进。虽然对环境造成的严重破坏需要几十年才能弥补，但是很明显，中国对该问题的认知已经得到补充，这些承诺和目标表明，在短短几年内，这些措施在国内乃至全球都产生了积极的影响。

例如，中国国务院考虑淘汰许多仅运营10年的大型燃煤电厂，而美国的燃煤电厂运行超过40年才会结束其使用寿命。脱碳是优化国家每年温室气体排放所依赖的能源结构的重要前提。

中国始终具有强烈的环保意识，并愿为这一事业作出贡献。众所周知，中国面临着土壤、河流、地下水和空气的严重污染，这对其主要城市的中心和农业基地造成了无数破坏。在中国共产党的十八大（2012年）将"生态文明"列入当前主要工作目标后，这种变化也在随之加速。在2009年哥本哈根峰会之后的5年里，中国政府开始重新考虑环境问题，中国和美国这两个地球上最大污染国的排放量占全球总量的40%，他们联手达成一项历史性协议，从而推动次年巴黎会议的成功举行。

中美签署并在法国首都重申的协议旨在敦促中国尽快下调煤炭在能源结构中的比例，有望最迟在2030年前完成从67.5%降至40%的目标，中国计划2030年非化石能源从9.6%上升至20%也绝非易事。

应该考虑到，目前水能占比为8%，风能、太阳能和生物能的累计部分相加不超过1.5%，因此核电比例应从2014年占比1%上升至2030年的10%（有25座电厂在运行，26座在建，预计2030年将达到约110座）。

中国显然受到气候变化的影响。气象灾害加上其他次生灾害，每年会直接导致2%至5%的GDP损失。从北部高温导致的干旱到南部洪水发生频率的增加，人们开始担心气候对农业生产，尤其是谷物收成的影响。所有这一切都与全球变暖有关，气候变化给中国北部地区的农业和供水系统带来了前所未有的挑战。过热的天气可能会加速缺水条件的恶化和耕地的毁坏。应对受海平面上升威胁而导致的沿海城市的洪水风险，以及受疟疾等疾病感染地区的扩大，都需提前采取预防措施。这些原因在很大程度上解释了中国采取一系列调动举措的必要性。

1994年至2004年，中国每年的温室气体排放量都会增长约4%。1950年，它占据了全球排放量的1.13%，而2004年这一数据已经达到15%。根据国际能源署预估，2030年它的排放量将占据全球的28%。1997年，即《京都议定书》签订那年，中国年排放约31亿吨二氧化碳，远低于排放量为45亿吨的欧洲，而美国的排放量几乎翻了一番，达到近60亿吨。2006年，根据联合国官方数据，中国的二氧化碳排放量超过美国，成为地球上污染最为严重的国家，其二氧化碳的排放量占世界总排放量的21.5%（而1997年仅为13%）。尽管中国的人均二氧化碳排放量比经济合作与发展组织国家的居民要少30%，但是，他们的人口权重迫使其在预估排放对全球气候影响时，必须考虑其他的因素，这也使得中国成为协商和签署具有重大减排目标的相关协议的关键国家。如果没有中国的承诺，任何决定都注定无法实施。

面对接受更多的减排措施和外部核查的压力，中国与其他新兴国家一样，继续主张维护其加快工业化阶段的权利，以尽快实现生产力现代化，为人民提供更大福祉，消除影响约1.5亿人的贫困现状。

中国率先成为制衡发达国家的发展中国家，他们不得不提供资金和技术的支持，因为全球变暖也是他们的责任：自18世纪工业革命开始到1950年，发达国家排放了95%的二氧化碳，并且自1950年至2000年间，发达国家排放的二氧化碳的总量仍占全球排放量的77%。

中国断然拒绝承认，发达国家的经济繁荣与环境污染互为因果，也不认为其人均排放水平远高于发展中国家水平是天经地义的，发展中国家的碳排放量往往是出于生存需要而非奢侈浪费是合理的。尽管遏制气候变化具有其紧迫性和重要性，但是基于主权原则和不受外界干涉处理本国自然资源的原则，中国认为发达国家应该承担起道义责任，拒绝接受这个层面对其相关政策进行任何国际干预，这也是美国现在努力支持均衡分配的基本要求。

目前，中国经济正在经历剧烈转型，它开始摆脱单纯地对数据增长的痴迷，而是转向另一种高质量的可持续的增长，让我们能够从另外一个角度去面对过去几十年快速发展所带来的环境巨变。与此同时，支持在这一层面提高数据透明度的举措以及支持在该领域开展业务的非政府组织，代表着他们态度的转变，使其能够以更协调、更全面的方式来面对生态破坏问题。因此，透明度成为一种教学工具，允许越来越广泛的社会阶层参与到应对气候变化的斗争当中。

中国首都北京是一个很好的范例。污染导致的能见度较低的情况，对其经济活动产生了直接影响，迫使工厂和延伸至邻近省市的高速公路的关闭。因此，这些报道经常性出现在全球的媒体上。为此，中国针对首都的具体情况，设计出一项将煤炭消耗量减少30%的计划，并将淘汰城市内燃煤电厂作为实施目标。污染最为严重的工厂即将关闭，另外2000家将获得过滤排放物的相应补贴。学校将安装空气净化器，大约30万辆汽车将被从停车场移走，他们还成立一支特别警队来执行这些法规。这都是一些根本性的转变。

北京的方案是国家电网园区生态改造计划的一部分。作为"十三五"规划的一部分，2017年1月，国家能源局确认为促进可再生和无污染能源（风能、水力、太阳能电池板、核电站）注入资金3610亿美元。国家发改委宣布，向太阳能电池行业追加拨款1360亿美元。自2006年以来，中国在太阳能生产方面一直处于世界领先地位。尽管如此，到2020年，可再生资源在整体能源生产中的份额依然没有超过15%，超过50%的电力仍来自燃煤电厂。

这种对可再生资源的投资是中国经济转型最有力的迹象之一。未来的几年里，中国的目标是减少对煤炭的依赖程度，努力将所占比重降低一半，并且还要增加对可再生资源的使用。2016年光伏发电装机功率比 2015 年增加 80%，风电装机增加 12%，中国吸收了世界新增太阳能光伏发电量的 48% 和风电的 15%。

正如预期那般，根据 2014 年的中国能源结构，到 2030 年，天然气和核能将分别增加 6 倍和 10 倍，届时全球能源生产能力应该是 2010 年的两倍。但是，即使替代能源的份额以每年平均 5% 的速度增长，煤炭的优势也无法被完全消除。

因此，中国政府正考虑向负责部门提供更多的资源。例如，为了防治空气污染，2015 年国家在这方面分配的资源比 2014 年多出 9.5%，同年的节能减排资金比上一年增加 40%。这些预算表明中国应对挑战的明确意愿。

但是，现在这也并非易事。以 2015 年为例，155个煤电项目获批，这意味着拉平能源规模仍需时间。

无论如何，中国能源模式的转变正在快速推进，已经没有丝毫退路可言。这也解释了在短短 10 年内，角色似乎已经颠倒过来的原因。美国和欧盟施压中国，确保其承担应对气候变化责任的时代已经一去不复返了。无论包括美国在内的其他国家做什么，中国的领导阶层都不会改变其应对气候变化的承诺。鉴于中期不可持续的生产模式对其生态系统造成的破坏以及其对公众舆论的影响，尽管治理空气污染是其行动计划的支柱，需要平复公民对大城市中心地区令人闹心的生态环境的不满，但是它必须考虑得更为长远。

中国将制定到 2030 年碳排放达峰的行动计划，以确保其发展建立在有效利用资源、严格保护生态环境和有效控制温室气体排放的基础上。

尽管中国在这方面表现出强烈的意愿，但是，它并不打算取代任何国家去努力成为全球的领导者。就像在其他领域展现出的那般，中国将继续专注于兑现其国际承诺，从而寻求在国际社会中获得其合法性和尊重。

第五章

"百年未有之大变局"下中国的对外政策

在过去的几十年里,中国打破了以往的对外关系传统,形成了一种与外部世界广泛依存的国际关系新模式。因此,中国不会再仅仅依附他国而生存,而是拥有了越来越强的自主性,逐渐主动承担更多的国际义务。

在这种新的国际角色定位中,中国并不谋求传统意义上的霸权地位。究其原因,首先,这种理念并不符合中国以往的历史发展轨迹;其次,中国在过去几十年里都先聚焦国内,以维护内部稳定和发展为第一要务。

第五章 "百年未有之大变局"下中国的对外政策

中国在对外政策方面的主要挑战是：面对多极化、多边主义趋势的不断深化，推动冷战后世界秩序的平稳过渡，并在国际体系的中心争取一席之地。在这一过程中，解决领土争端、营造新型伙伴关系、建立机制以避免对抗等，均为协作建立共同体的必要核心。事实上，当习近平提出"命运共同体"的概念，并邀请西方加入时，就已经在提醒世界，中国不会仅仅满足于在现有的国际秩序中做一个独立、富裕的国家，而是希冀自身的理念能够得到尊重，并被纳入人类共同的理想之中。

中国似乎已经决意要承担更多的责任，并在国际舞台上发挥更大的影响力；而这一想法的出发点在于认为目前的国际秩序更偏向于美国及其盟友，因此中国不会再屈从于此。与此相对的是，目前全球的力量平衡已经发生了改变，因而中国所提出的渐进性的、温和的调整将更适应目前时代的现状。

中国的新一代领导集体更加积极地参与着国际事务。杨洁篪在 2013 年十二届全国人民代表大会一次会议举行的记者会上明确指出，较之 20 世纪，21 世纪的国际多边体系必须具有更广泛的代表性、更加公正、更具时效。在同年 11 月召开的中央外事工作会议上，习近平强调，要发展具有自身特点的大国外交，坚持走和平发展道路，绝不放弃合法权益，推广以多边外交为基础的互利合作模式，有效开展周边国家外交。

习近平领导下的中国力图寻求发展的替代方案，制定全面的外交战略。因此便不难理解为何中国加速与韩国、日本的贸易谈判，促进与东南亚的区域经济一体化，同时在全球的其他地区（如非洲、拉丁美洲等）也积极推进合作。与俄罗斯自2006年以来建立的"战略伙伴关系"更为双方共同增加世界影响提供了保证。习近平就任中国国家主席后的第一个出访国家即为俄罗斯；弗拉基米尔·普京（Vladimir Putin）再次担任总统后，也将中国选为第一个出访目的国。

这一战略将有助于提高中国的国际形象。超过3万亿美元的强大储备将为其提供有力的经济支撑，资金的有效运转继而保证了其全球范围内的投资。

然而，在某些方面仍然有待做出让步，以便切实缓解中美关系以及近来时有摩擦发生的周边国家关系。在亚太地区，中国已经做好准备在一定程度上承认美国的作用，并呼吁在双方共同关心的问题上采取建设性的态度。这个倡议看似并不容易实现。习近平已经明确表示，愿两国相互接近立场，建立新型的双边关系，以期消除冷战的阴霾，缓解由于战略不信任而加剧的紧张局势，摒弃"对抗不可避免"的假设。

中国目前正处于发展进程中的复杂阶段，政府也面临着结构性调整的巨大挑战和制约，因此也希望消除外界对其实行遏制的策略，保证自己在全球不同区域所做出的努力不会付之东流。然而，由于中国的外交形式与目的阐述总是高度统一，所以即便是着力寻求与竞争对手之间的和解，恐怕也难掩其规划的纵向之深、范围之广。

中国积极推进多极化的努力拥有一个巨大的前提：世界各部分的互生共存，而这一点也正是经济全球化和科学技术进步共同作用的结果。各国的利益紧密地连接在一起，在这种情况下，只有合作才能进一步改善全球治理，实现各国发展的期望。

亚洲基础设施投资银行（AIIB）的成立、"一带一路"框架下海陆各个项目的实施……这些雄心勃勃的举措都增加了中国的国际影响力。继中亚、南亚及东南亚之后，拉丁美洲和非洲也加入了中国的国际倡议合作中，这也就确保了无论美国和日本主导的区域自由贸易协定前景如何，中国都将在国际舞台上拥有着重要的经济地位。

另一方面，中国在不同层面推进建立国际组织（金砖国家组织、上海合作组织等）及区域对话平台（中国—拉共体论坛、中非论坛、中国—中东欧国家经贸论坛、中国—阿拉伯国家合作论坛等），与俄罗斯及其他新兴国家加深战略合作，展现了逐步推进多极化的政治意愿。尽管仍在过渡之中，但中国已在过去的25年中一步步实施着宏图规划。

第一节　中国在全新世界舞台上的影响

中国在国际事务中正发挥着越来越重要的作用，似乎已经放弃了邓小平时期的"不扛旗，不当头"及"韬光养晦，等待时机"的方针。

中国的新态度源于以下因素：一是经济发展进入全新阶段，通过产品输出和投资，占据了更多的国外市场；二是将经济上已取得的成就转化为全球治理的资源；三是创新能力提高，在以前认为外围或次要的领域中能够发挥更加积极的作用；四是其国力的复兴希望得到世界范围的认可，走出历史的泥潭，实现国

第五章 "百年未有之大变局"下中国的对外政策

家统一，实现现代化。中国梦也正意味着恢复自身在国际舞台上应有的地位。

尽管中国的外交政策核心，如不干涉他国内政等仍始终如一，但近年来其态度上的渐趋强硬却在不同的领域产生了反响。例如，在国际货币基金组织将人民币纳入特别提款权货币篮子后，人民币的综合重要性和影响力上升，中国增加了在重要金融机构中的参与度和决策权，进一步推动新的地缘政治版图，积极创建并推进上海合作组织、亚洲相互协作与信任措施会议（CICA）、金砖国家机制（BRICS）、中拉区域论坛、中非区域论坛，通过加强与中东欧国家的合作而重返欧洲等。中国在外交上更加外向和自信，它表示并不会挑战现有的国际秩序，而是作为以联合国为基础的世界体系的一部分，维护国际合作机构及机制，为维护世界和平贡献力量。然而，中国也认为现有的国际秩序是以西方的价值观和意愿为主导的，这与现实情况有一定偏差，因此更希望能够推动国际秩序进行改进。

习近平当选为中国国家主席后，立即着手推进中国外交的发展，通过一系列的话语及行动展现出明确的中国意愿，制定愿景，以历史轨迹和现实发展为出发点，在世界各国普遍关心的议题上扮演更加积极的角色。

第一个坚持为中国梦的实现、民族的振兴，以及全球地位的提升。国内外形势之间的协调必须以和谐为基础，因为只有在对外和平的国际条件下国家的现代化才有实现的可能。从这个意义上来说，坚持在不放弃合法权益的情况下永不谋求霸权和扩张的原则，是为其战略思想的核心。

对于和平发展的承诺否定了中国威胁论。中国传递出这样的信息：将不会以牺牲第三国利益为代价来换取本国地位的提升，这就为处于危机时刻的全球经济注入了强心剂，也促使各国意识到进行自我革新的必要性；同时，也指出了各国由于"核心利益"的不同，仍势必会在某些具体领域存在一定的分歧。

第二个重要的坚持是捍卫文明的多样性，珍视和保护不同文明之间的对话。在 2014 年访问联合国教科文组织总部及欧洲学院时，习近平表示，相互学习和包容是增进理解的基础。这一观点既具有历史和文化意义，更体现了当代的多元性。习近平主张通过政治手段解决冲突，摒弃采用加速局势紧张恶化的外部军事干预行动；同时，还应尊重各国人民独立选择发展道路的权利，反对干涉他国内政。习近平强调，没有放之四海皆准的发展模式，也没有一成不变的发展道路；希望中国模式的独特性能以此得到验证，并被作为常态而得到民众的接受。

第三是坚持人类命运共同体的概念，这不仅仅涉及我们所处世界的客观条件，即日益加强的相互依存关系使得全世界经济、能源和气候等各方面都处于同一个共同体之中；更包括了建设开放包容、互利互惠的合作机制是保证全球和区域可持续发展的关键。中国作为新世界秩序的重要成员，希望与其他成员一道参与到对于人类命运的定义之中，而并非强加自身意志。

这三点坚持对中国近来的外交行动产生了实际影响。习近平本人在世界各地的访问中曾多次重申了以上观点，主张改革和创新行动机制，完善建议程序，从而全面改善全球治理，促进发展，消除贫困，为世界和平与安全提供真正的基础。习近平还强调了要在顶层优化设计，确定方向和目标，建立科学模式以实现最广泛的合作。新领导集体的亮相也标志着中国在各个领域展开的全新转型。

从现实角度来讲，中国所突出关心的议题是建设新型的国际关系模式。该模式既要考虑到大国之间的关系，也要适当关注广大中小国的利益，以此维持国与国之间必要的平等。它既重视核安全等重大领域，也兼顾为缓解地区冲突、消除不均而进行的斗争；既着眼于制定全面政策，同时也注重适应各种具体情况。例如，在对美关系上，通过促进双方之间的对话和沟通来消除成见，规避"修昔底德陷阱"已经成为了当务之急；尤其是考虑到唐纳德·特朗普任期内紧张的对华贸易局势，这种努力就更加刻不容缓。与此同时，加深与俄罗斯的理解与合作，建立与欧盟的建设性对话框架等，同样是长期以来的重要议题。甚至和日本，尽管两国间曾因特定历史问题和领土争端而保有分歧，但中国仍然以面向未来的出发点为指导，以期为日后两国关系的发展打下坚实的基础。

在这种新型的国际关系范式下，中国与各地区（非洲、拉丁美洲、阿拉伯国家、中东欧国家等）之间建立并加强对话机制，同时保持以命运共同体为推动经济发展、增强政治互信的"主导动机"。国家的外交政策与本国正在经历的内部变革之间的连续性显而易见，大量海外的项目正可以消化吸收国内过剩的产能，其中以基础建设领域尤为突出。

这种动力转化成为外交方式，伴随着日益加强的高层次的教育与文化交流，无论是行动的主体还是内容上都被赋予了更新的意义。换句话说，在创新与互动中，合作变得更加全面，超越了最初形式单一的局限，在最大限度上发挥了双方的潜能。

"一带一路"及亚洲基础设施投资银行（AIIB）等宏大的项目正展示了新一代领导集体的雄心壮志：促进发展，汇集各种资源，开启具有重大地缘政治、地缘经济意义的历史新篇章。中国改变亚洲、改变世界，与50个以上的国家共同发展的模式，为公共外交、多边外交创造了前所未有的范例。在访问俄罗斯及白俄罗斯、哈萨克斯坦等中亚国家时，习近平主席坚定表示要促进亚欧经济一体化的顺利实现。在亚太经合组织等论坛上，他提出建立开放、包容、平衡、互利的区域合作框架。"丝绸之路基金"的正式启动及亚投行总部在北京的建立，这些都足以证明以上愿景并非华而不实的海市蜃楼。

这些规划也推进了一些新组织的诞生或重组。"金砖国家"就是一例，作为外交上的一大重点，中国着力于培育政治共识，依托新金融工具（新开发银行或外汇储备协议）等实施具体行动，以此为新的国际秩序开疆辟土。上海合作组织亦是如此，议题内容并不局限于地区安全领域，也包括了物流、运输、贸易、投资、金融、能源、粮食安全、文化及通信等方面。同样还有亚洲相互协作与信任措施会议，习近平提出了以全方位、可持续的共同合作为基础的地区安全理念。

加入"二十国集团"（G20）后，中国得以更好地解释目前国内进程的性质（正在实行全面的模式转变），包括经济放缓也是很大程度上源于国家为推进结构改革而采取的监管举措。此外，以"人类命运共同体"的理念为基础，中国提出了整合全体人类的利益，实现平衡，改善全球经济治理，促进实现世界经济可持续发展的措施。

简言之，在2012年中国共产党的十八大之后，中国的国际地位得到了显著的提升，并为新的变革时代提出了概念基础、组织原则、切实建议。这也标志着中国更加积极地参与到全球事务中，同时也必将凸显外交手段在实现总体目标方面所发挥的作用和价值。

与此同时，世界的不同地区仍饱受冲突、遭遇危机（叙利亚、伊朗、中东、阿富汗、朝鲜半岛等）。

中国始终敦促以和平谈判的方式解决争端,并为此不懈努力,提供既考虑事件特殊性又维护当地人民利益的切实解决方案,而并非借机满足自身的野心。即便如此,中国的情怀和现实影响力之间仍存在巨大的差距,其作用的发挥也只能是逐渐展开。

全面深化改革必须与外部因素及外交行动结合起来:消除对大国的误解,改善与邻国关系,加强与发展中国家的合作,积极参与多边事务,参与解决威胁国际安全的冲突。简而言之,如果没有对和平发展的一贯承诺,整个改革进程最终成功的可能性将会大大降低。中国比以往任何时候都更加需要世界。

中国新领导集体所推动的一系列外交行动强化了这样一种信念:建设一个现代、发达、法治的中国,正是构建以和平发展为中心的新时代国际关系模式的有机组成部分。

如今,中国采取着一种积极主动的外交姿态。这加强了中国在双边、区域和全球的各层级合作中更有效地成为值得信任的战略伙伴,以对话和谈判为基础,协同合作,推动新世界秩序的创立和发展。尽管世界各国的社会制度、文化传统、意识形态各不相同,且差异仍会长期存在,但新的国际关系模式会为各国提供更多的机会。诚然，这种令世界更加丰富多彩的多样性同样也会为中国参与全球事务增加困难，需要不断在合作与遏制之间徘徊。

中国在全球影响力处于逐渐上升趋势，同时，在未来相当长的一段时间内，经济将继续成为其主要的指标。中国目前仍有许多国内问题需要解决；作为多极化世界的捍卫者，基于理念上的原因，对外并不谋求霸权。另一方面，中国不谋求对外输出"中国模式"，也没有冷战时期西方世界的"弥赛亚情结"，反而提倡各自寻求适合自身发展的道路。中国特色的政治模式难以复制，其独特的文化在全球范围内仍鲜为人知，尚未具有足够的影响力来创造出西方模式的普世性替代品。在安全和国防等方面，中国仍然缺乏有效的兼容属性。

虽然中国并无意建立新的霸权，但毫无疑问，它将对几个世纪以来占主导地位的西方霸权构成挑战，继而走向势力平衡；随着现代化的实现，中国也将向世人昭示，鸦片战争后国运的颓废正式走向完结。

中国长期以来一直被排除在重大的全球经济和政治决策之外。它不会再满足于仅仅成为次要合作伙伴，也不会再自认处于从属地位。中国成为主角的时代也许即将到来。

唐纳德·特朗普总统任期内一系列的政策失误为中国提供了战略机遇，使中国在国际事务中的角色得以加强。然而，国际地位的急速上升也可能客观上为中国招致对抗情绪，从而对其现代化的进程产生负面的影响。

传统上来讲，中国外交政策的基本原则集中在维护主权和国家独立、维护和平、不结盟主义、平等共处，加强与第三世界国家和地区的合作，通过发展对外经贸易关系来促进国家的发展等。在以上几点中，第一项维护主权和国家独立可谓重中之重。关乎主权及其有效行使的问题触及中国的核心利益。其中，首先应当考虑历史因素。曾经的半封建半殖民地社会状况仍历历在目，中国绝不愿意再受他国摆布，而要自行决定和处理本国的事务。也正是由此，中国对任何干涉内政的行径采取针锋相对的态度。

新时代的中国逐渐放弃了"韬光养晦"，在国际事务中保持低调的作风，转而更加明确大胆地维护自身利益。中国正在逐渐彰显自己的强国地位。中国崛起的关键在于其处理以下两大问题的能力：首先，与美国的关系。能否避免两极化，建立"新型大国关系",避免美国的霸权愿望与中国坚定的主权信仰之间的冲突。其次,缓解与周边国家之间的紧张态势。中国声称无侵略意图,需要和平的环境以进一步发展经济,但就相关问题的谈判余地有限,因此仍然面临很大的风险。

主张走和平发展的道路与使用必要手段捍卫"核心利益"(包括领土利益,如台湾地区问题)之间并无矛盾。也就是说,不首先使用武力的承诺不会影响自己对以往被剥夺的领土宣誓主权。

推动"丝绸之路经济带"和"21世纪海上丝绸之路"合作倡议正展现了中国改革发展道路中所包括的历史文化内涵。"丝绸之路"的概念被重新提及,其中承载了浪漫主义情怀,蕴含了恢弘繁盛的愿景,寄托了与世界上遥远国度之间进行商贸往来、人文交流的愿望,环地中海地区就是其中的一站。然而,这一倡议在今日得以推进,还要归因于中国务实的本质和强大的经济后盾。尽管是借用了历史词汇,但习近平所提出的倡议已然在现实世界引起了巨大的反响,同时也昭示着复兴的中国在地区和全球范围内举足轻重的作用。

第二节 全球秩序的变革力量

冷战后可能出现的新的国际秩序一直是国际关系领域热烈讨论的话题。2017年12月美国发布的《国家安全战略》中将中国定位为美国国家繁荣与安全的最大挑战，警告要严肃对待中国这个"修正主义大国"所推行的长期战略。

随着中俄关系的发展渐趋平稳，美国在唐纳德·特朗普总统任期内却采取了保护主义和单边主义的政策，并将中俄两国都视为反自由主义政权，不愿对两国在政治层面作任何实质的区分。这一态度促使中国和俄罗斯在贸易、能源、国防等方面加快了协作的步伐，两国在欧亚一体化方面同时发挥着主导作用，结合两国各自的军事及经济优势，共同抗衡美国的全球霸权。

然而，习近平领导下的中国并不愿看到新冷战重演，并不愿陷入与西方发达国家分歧加深的泥潭。同时，即便拥有着高效的政治经济体制，中国也无意在全球范围内输出其政治模式，不愿扮演"救世主"的角色。中国政治的战略目标是巩固中国共产党的执政权威，这一点在中国普遍被认为是实现国家历史目标的重要保证，因此也希望得到其他国家的尊重。

中国正在逐步扩大其在中亚、拉丁美洲、非洲或周边邻国间的参与度及影响力。在欧洲亦是如此。回溯历史，中国始终以第三世界国家自居，积极参与和推动"不结盟运动"。现今，尽管中国的倡议提出时间尚短，但它积极听取批评，参与到当地的基础设施建设、交通改善建设之中，进行医疗援助，帮助消除贫困，尽量满足当地人需求。诚然，中国人民解放军在吉布提建立了后勤基地，但目前看来仅仅是个案而已，日后并不会继续效仿。

西方的民主已陷入了泥潭。其社会模式（例如一直引以为傲的"福利国家"制度）含有水分；经济模式上，市场被过度美化，浪费了共同财产，也加剧了社会的不平等；政治模式上，精英阶层在面对财政赤字和一系列社会问题、结构问题时显得力不从心。无论是在国家问题上还是在全球问题上，自由主义模式都无法与效率挂钩，而现今最腐朽的民粹主义呈上升趋势，又重新引起了人们对法西斯主义抬头的恐惧。

西方很难接受在全球治理方面为中国让渡空间，近些年来中国的路走得并不轻松。中国的诉求（例如要求在国际货币基金组织或世界银行等机构中有更多的发言权）并没有得到很积极的回应，而且在没有充足理由的情况下被拖延了多年。但西方世界的确很难阻止中国的进步。当中国厌倦不断叩门时，它将会自己指出方向。新开发银行和金砖国家的未来似乎尚不明朗，但亚洲基础设施投资银行和上海合作组织的情况却远非如此。尽管曾遭遇挫折，但"一带一路"的合作倡议无疑将继续进行。

习近平的意图是逐步改革战后国际体系，并使中国的利益更好地与之相结合。改革的实质尚难明确。目前看来，主要目的是创造一个更有利于国际合作的氛围，以多种和多边的方式推进各项全球议程。正如最近所见，中国的这种战略型飞跃引起了许多国家的不安，反观这些国家的反应，有时很难看出其中多少是具有确实的道理，又有多少仅仅是为了与中国的愿景背道而驰。

无论如何，在未来几年里，经济、金融和地缘政治上的紧张局势可能与当下至关重要的合作态势构成冲突。例如，中国已经越来越明确地意识到，在完全依赖美元的情况下，将无法实现能源、安全或贸易方面的地缘经济目标。根据国际货币基金组织的数据，全球62%的中央银行总储备仍然以美元计价（2018年第二季度数据）。国际资金清算系统（SWIFT）中约有43%的国际交易也是以美元进行的。尽管2018年中国为全球GDP增长作出了最大的贡献，占全球经济增长中的27.2%，但人民币交易仅占国际支付的1%，占各国中央银行持有的储备资产总量的1.8%。因此，人民币国际化的进程虽然已经持续多年，但仍然任重道远。

然而，我们不能期待中国立即接受西方所提出的利益要求。随着事实上并不团结的西方一再表示对中国的雄心不以为然，可以想象，中国可能采取的态度就是继续重申自身立场。如果贸易战有持久化趋势，技术和战略层面的敌意也不利于开展积极的合作，那么这些负面情绪反倒可能导致不良的反应。习近平领导下的中国想来不会选择低头，因此，西方要逐渐接受中国既成为一个重要的经济大国，同时也可以基于自身的政治及战略独特性而立足世界。

第三节　推动多边主义的努力

根据英国金融服务咨询公司渣打集团的报告，结合汇率、购买力和GDP增长的数据，2030年的五大经济体将是中国、美国、印度、日本和俄罗斯，其次是德国、印度尼西亚、巴西、土耳其和英国。当中产阶层在西方社会急剧缩减之时，在亚洲恰恰会迎来迅速的增长。

然而，从预测的结果而言，经济也不见得是持续上升的。有经济学家预测中国的经济增长将继续放缓；出生率降低以及随之而来的人口问题也迫在眉睫；环境恶化同样令人忧虑。这些内因将与外部因素共同影响中国经济的涨幅，甚至波及其他方面。

无论这些变化的高低起伏如何，中国都提醒了我们，现有秩序是殖民统治的产物，游戏规则也是殖民国家在血与火中建立的。而且，这种已有秩序不符合中国的利益或原则，"自由式民主"的旗帜以及"个人权利优先"的规则与中国的现实相去甚远。

西方任意塑造世界的时代即将结束，这一点显而易见；世界秩序正处于不断变化之中，多种趋势亦在凸显。其中，中国正是主要的推动者。

2017年，唐纳德·特朗普就任美国总统，反全球化的保守主义达到顶峰；而中国则在达沃斯会议上成为全球化的伟大捍卫者。在2021年世界经济论坛的视频会议上，中国国家主席习近平再次重申了多边主义立场，并表示这是共同对抗新冠肺炎疫情不可或缺的良药，并有助于消除在未来几年内阻碍全球经济复苏的不确定因素。

除了新冠肺炎疫情之外，习近平也提到了另一个不争的事实：乔·拜登就任新一届总统后即许下了美国重返多边组织和协议的承诺，如已经兑现的重返世界卫生组织及《巴黎协议》，这也一定程度制止了美国在特朗普时期偏离的道路上渐行渐远。

中国的多边主义方式有一个突出的特点：坚持去意识形态化。简而言之，中国捍卫多边体系的权威性和有效性，但抨击利用多边主义实现霸权目的的行径，例如建立所谓的"以价值观为基础的联盟"，这显然不是针对越南这样的国家，而是针对中国：虽然两者同属市场经济的社会主义，但问题的关键在于，越南显然无力挑战西方的霸权。对于中国而言，参与这一类型的联盟等于认同已有模式的连续性，那些专属俱乐部（如七国集团）的目的只是为了保证最富裕国家的利益、权利和影响力，而这些领头国家则会为了保持垄断地位而持续在国际秩序中制定规则。在这种情况下，那些自诩为"国际社会"代表的国家或组织实际上只会代表这个小范围团体的利益。

在这种情况下，习近平在达沃斯论坛上提出要警惕世界再次陷入冷战的危险。面对那样的情况，以目前的国力而论，中国是不会动摇立场的。在反共主义复活基础上所造势的"新两极"是特朗普时期的议程，而拜登现在必须决定他所推行的多边主义是否优先于掌控对全球事务的统筹管理；抑或是以另一种更适合的方式继续保持与特朗普一致的全球霸权目标。

显而易见，中国强大的经济实力为其积极推行多边主义提供了保证。例如在新冠肺炎疫情肆虐的形势下，中国向世界卫生组织所承诺的新冠肺炎疫苗实施计划（COVAX）就是很好的证明。另一个更为长期的例子则是2013年开始的"一带一路"合作倡议，它曾受到过各方面的批评，其中也不乏中肯之言，应该在适当的情况下被加以考虑，尤其是中国在国际合作项目方面的经验确实有限。但"一带一路"合作倡议也有一个基本的优点：它不仅强调贸易，更强调基础设施建设。这也就大大增加了该倡议的可辐射范围。

德国总理默克尔在2021年的达沃斯会议上承认，这次新冠肺炎疫情揭示了世界相互联系的程度之紧密、采取多边行动之必要。她也指出，"多边主义不仅意味着共同参与，而且意味着协作的透明性"，以此来营建一种政府间互信的氛围。正如习近平维护世贸组织、一再重申欧洲公司参与中国市场的必要性一样，默克尔总理也提醒与会者，对人的尊严的不同看法限制了相互间的合作。

中国的利益在于避免对抗，避免重蹈过去集团政治的覆辙，不以牺牲第三国利益为代价，不迫使他国放弃权利来消除自己进步过程中的障碍。中国的当务之急是明确信息，澄清立场，以避免民主国家针对其结盟的风险。

全球议程涉面颇广，没有人会相信任何一个国家仅凭自身力量能有效地解决这个问题。同样显而易见的是，从第二次世界大战和冷战时期所承袭的机制不足以应对当前的挑战。多边主义已不可或缺，中国希望自身的标准在秩序更新的背景下能够有一席之地，至少应当与自己在当今世界的重要地位相匹配。

第四节 中国与欧盟的战略自治

历史不能重演。在目前的背景下,当全球卫生和气候变化等挑战已经"兵临城下",各国领导人只能寻求合作以探讨共同的解决方案时,"威胁"一词就不再是危言耸听。因此,如果仍执拗于过去的标准而重新开始新一轮冷战的话,无异于忽视了本世纪人类所面临的迫在眉睫的巨大挑战。

我们应该考虑的因素有哪些呢?首先,中国在全球范围内的崛起和美国的相对衰落,这使得国际力量平衡产生了根本性的变化,美国领导的全球反华联盟的可行性和可靠性受到了质疑。其次,欧盟在处理国际事务方面有着自身的利益和战略。第三,美国在欧洲的影响力已不及从前。第四,全球议程的重要性促使通力合作变得刻不容缓。

例如,我们应该注意到,中国已经取代美国成为了欧盟的第一大贸易伙伴,2020年底中欧投资协议谈判完成,将进一步加强双方之间的经济联系。中国是全世界最有潜力的市场。欧盟在中国可以取得的发展绝非美国可以代替。根据布鲁塞尔公布的一份报告，欧洲在华投资超过 1400 亿欧元。预计这些数字在未来的几年内还会大幅增加。中国在欧盟市场的参与度也将提升。

在此情况下，美国必须克服保护主义的冲动。也就是说，必须停止继续向盟友设置贸易、投资、资本、技术或关税等其他方面的障碍。同时也应修复 WTO 的争端解决程序，停止目前的封锁。在这些问题上，相比于美国，欧盟的态度与中国更加接近。

与绝大多数国家一样，欧盟并不希望在美国或中国之间站队，而是希望自由地与两者均开展合作。就政治或价值体系而言，欧盟无疑更接近美国，但这并不一定妨碍其与中国进行接触。

欧盟必须避免陷入"霸权陷阱"，因为美国作为自由世界秩序保护者的主要目的是维持自己在国际秩序中的领导地位。如果自由主义秩序处于危险之中，那不是因为中国以"救世主"的姿态对它构成了威胁，而是因为这一秩序缺乏自我批评的动力，在应对内外挑战时显得力不从心。

中国是一个经贸巨头，但同时也在当今全球政治舞台上扮演着核心的角色。这是一个不争的事实，欧盟和美国都应该基于这种认识而采取建设性而非对抗性的方式来处理对华关系。

欧盟可以为世界秩序的重塑作出重要的贡献,使其和平过渡到一个开放的氛围,接纳中国,避免因采取强硬的对抗政策而引发更大的危机。因此,欧盟必须走出自20世纪50年代以来一直身处的舒适区,在国际关系愿景中主张自治,这也是欧共体法律的传统组成部分,同时依靠对话与合作来解决分歧。

第六章
迎接挑战的安全与国防

在安全方面,除了国外的恐怖主义威胁外,中国政府还必须面对日本与美国在中国临海地区的影响及随之而来的复杂形势。在日本、澳大利亚、南海其他国家的支持下,美国派遣军舰和军用飞机在有争议的水域巡逻,产生摩擦的风险不断增加,许多人甚至指出这个敏感区域恰恰最有可能爆发"修昔底德陷阱"所指向的战争。为了维持美国在亚太地区的霸权,越来越多的军事资源、经济战略和外交手段走向了结合,以此抗衡中国势力的壮大。中国政府正以经济为首要砝码加强睦邻外交,以削弱美国在该地区的影响力。

2013年，经中国共产党第十八届中央委员会第三次全体会议审议后，成立了国家安全委员会，职能为统筹协调国家安全范围内的事宜，解决与国家安全相关的主要问题，制定原则和政策，确定战略等。《关于全面深化改革若干重大问题的决定》建议优化中国人民解放军的规模和结构，改善不同兵种之间的比例，精简机构和非战斗人员。同时，也对军事理论、军事领导、中央军委体制框架、军事院校和战略等均提出了要求。优质民营企业将受准加入国防工业之中；军事产业将会受到更大的关注。解放军在任何情况下都必须坚持中国共产党的领导。

习近平说，国家安全和社会稳定是改革和发展的前提；同时指出，中国面临着两种压力——影响国家主权、安全和利益的国际压力，以及影响稳定发展的国内压力。毫无疑问，安全领域是未来几年最重要的改革阵地之一。

2016年，习近平下令要求中国军队进行自1950年以来规模最大的一次重组。在2014年10月举行的十二届全国人大一次会议解放军代表团全体会议上，习近平主席明确指出，建设一支听党指挥、能打胜仗、作风优良的军队。这是朝着建立一支符合中国国际地位、符合安全与发展利益的现代化强大军队所迈出的关键一步。以前的七大军区调整为五大战区（东部、西部、南部、北部和中部），集中程度进一步增强。这次重组优先考虑西部地区（占国土面积的40%，包括新疆、西藏、青海、四川等），这里汇集了全国超过1/3的武装部队。

另一方面，中国军队的四个主要机关（总参谋部、总政治部、总后勤部、总装备部）改组为隶属中央军事委员会的15个部门。中央军委是中国武装力量的总指挥，习近平同时兼任中国共产党总书记、国家主席，从而实现了党、国家、军队三个核心机构的统一领导。由此可预见，中央军事委员会将统领人民解放军现役部队和预备役部队、中国人民武装警察部队和民兵，从而避免不协调的问题。后来，中国人民武装警察部队海警总队也纳入了中央军委的统一领导之中。

《解放军报》指出，这项改革"为提高军队效率迈出了历史性的重要一步"，确保了军队在保持对党忠诚的同时进一步提高了专业化程度。此次重组巩固了中国共产党的绝对领导地位，并将武装部队的最高领导权集中在中央军委和中央军委主席习近平之手。这一步，与中国共产党内部的改革进程密切相关，在未来的几年内围绕改革所产生的变动仍然会继续。

反腐败工作同样注重军队的自身建设，包括众多的高级将领的修养。中央军委设有一个特别的纪律监督机构，既负责确保军队的道德武装，同时对整个军队系统从基层单位到总参谋部进行督察。如习近平所言，传播正能量，确保政治生态健康成为军队保持新形象的基础。

继 2015 年习近平主席在纪念中国人民抗日战争暨世界反法西斯战争胜利 70 周年之际宣布将部队人数减少 30 万，此次军区数量的减少为中国军队的现代化带来了正面影响，中国军队更加专业化，结构更加合理，资源更加优化。

此次军事改革也再次体现了习近平支持建立一个由其直接指挥的结构高度集中的军队体系，从而有效地实行对武装部队的领导。

中国于 2015 年通过的《中华人民共和国反恐怖主义法》的一大新意就是确定了解放军及武装警察参与海外反恐行动的合法化。当然，必须事先得到中央军委和国务院的批准，并且必须与相关第三国事先达成协议。

回看中国的对外行动，越来越多地涉及本国现役部队在非洲或中东地区的安全问题。中国在这些风险地区的重要利益，激进的伊斯兰组织对新疆的安全构成的威胁等，都决定了中国的战略思想在发生着缓慢却持续的演变。

第一节　对地区事务的忧虑

这次重大的军事改革恰逢邻近海域国家的领土要求加剧，亚太地区的武力升级表明人们已经越来越关注安全问题。中国与一些邻国之间的关系有所紧张，围绕钓鱼岛和南海诸岛的争端悬而未决，美国军舰以保证"航行自由"为由频繁出现在争端海域，加上自2016年5月持"台独"立场的民进党执政以来岛内所呈现的严重分歧局面，台海安全局势前途未卜，未雨绸缪似乎势在必行。

尽管经济仍然是优先选项，而且中国也需要一个相对平静的周边环境来推进已规划的宏伟蓝图（六大经济走廊、"一带一路"等），但在如此复杂多变的背景下，紧张局势随时可能出现。事实上，近年来周边海域的问题就已浮出水面。究其原因，有两种趋势的角力显而易见：一方面，寻求在其周边环境中获得战略地位的初衷并不意味着将"搁置争议，共同开发"的传统立场置之脑后；另一方面，美国重拾遏制政策，首先是"回归亚太"战略，而今是印太战略，似乎找到了一种相对有效的方式来遏制中国这个亚洲巨人的崛起。

暂且不谈台湾地区，还有三个主要的冲突发源区。在东海，钓鱼岛是中日两国争执的焦点。中国主张援引历史证据证明对其拥有管辖权，而且将其归属上溯到《马关条约》签订前，由此也将钓鱼岛问题与台湾地区的命运紧密联系了起来；而日本则认为当初这些岛屿本是"无主地"，所以才将其划入了自己的管制之下。在南海，争议的主要焦点集中在西沙群岛和南沙群岛。西沙群岛的问题涉及越南，而南沙群岛的问题则同时涉及菲律宾、文莱、马来西亚、越南。其中最大的岛屿——太平岛由台湾地区控制。中国大陆和台湾的立场虽然并不完全一致，但却有类似之处。中国大陆声称对这些海域拥有几乎所有的主权，而台湾当局则主张基于"十一段线"来划分，也就是

1947年国民党政府制作的地图上的"U形线"。新中国从1953年起所持立场是捍卫所谓的"九段线"。

中国政府将这些主张视为国家的"核心利益",将其与西藏、新疆、台湾或捍卫其政治制度(中共领导)等问题的原则性等同起来。这种"核心利益"的定位预示着中国政府将不惜一切代价地捍卫其立场。

该地区具有得天独厚的优势资源。其重要性首推渔业和能源(天然气及石油),尤其是对于一个如此依赖外部资源的国家来讲,这条贸易线路的战略价值不言自明。它可以极大地减少可能存在的经济及贸易脆弱性。有消息指出,到2025年时,中国经济发展中所需的石油将有85%依靠进口。确保其海上供应路线的安全及商业、军事行动的自由,将是一项重大的挑战。中国要维持区域性大国的地位、确保海上丝绸之路等项目的成功实施,在很大程度上都取决于该地区是否能够维持和平稳定。此外,不能忽视的是,美国正在围绕中国建立永久性军事基地,正在扩大与中国的邻国之间达成共识。

中国拥有三大战略支柱:第一,巩固自己在亚太地区的地位,增加控制力(建筑"沙堡长城");第二,促进整个地区的重大经济行动,以此凸显对华贸易合作的吸引力；第三，双轨并行，开展多方直接对话协商、共同承担地区和平稳定的责任。自2010年以来一直在进行的谈判收到了效果，中国与东南亚国家联盟（东盟）的10个国家最终达成协议，确定了行为准则框架，以期缓和紧张局势。中国政府希望以此避免该地区的军事化程度加剧。

2016年，海牙常设仲裁法院针对菲律宾于2013年提出的诉讼要求作出了裁决，否认了中国在争议地区所谓的历史权利。中国政府认为这个结果"无效、非法"。在罗德里戈·杜特尔特总统就职后，菲律宾开始回避美国主张的对抗策略，改变了态度，同时寻求与中国的谅解。值得一提的是，美国在2015年进驻菲律宾8个军事基地，以此在美国的亚太战略框架内布防军事力量，包括飞机和海军，与中国在该地区的经济和军事影响形成对冲。

美国在该地区的军事活动逐渐增加，其目的是保护其所谓的"航行自由"（商船和军舰都包括在内）。日本很快参加此类行动，澳大利亚亦有可能紧随其后。几国之间建立轴心，同时促进区域经济一体化（TPP，即特朗普时期放弃的"跨太平洋伙伴关系"，现在由日本继续领导），这些经济军事行动成为针对中国在该地区的主导地位的替代方案。美国尚未签署《联合国海洋法公约》，但中国签订了。

于中国而言，避免争端军事化与确保本国利益一样至关重要。为此，必须保证多边有效地处理该地区的安全问题。加强地区一体化、连通性，促进区域发展，这些都为该地区各国提供了更坚实的行动框架，其意义远远大于单纯重视战略部署和军事因素。

中国在习近平的领导下改善了海洋部门的管理，扩充了进行沿海监察的资源，推进多种机制以确保在有争议区域保持控制空间。反观美国，它宣称本国船只在关键战略领域维护航行自由的权利不可置疑。它增加了与合作伙伴的军事联盟，促进了经济联系的加强，提供了大量的国防援助。有些人甚至梦想，在吸引印度加入后所启动的四边安全对话（QUAD）的基础上，建立一个"亚洲北约"。日本认为这是恢复"常态"的绝佳机会。

中国宣布在东海周围建立"防空识别区"后，一系列针对中国的指责便纷至沓来：被冠以"傲慢"一词；在南中国海的新渔业法规受到抨击；一些政府正式表态认为有必要加强对海洋资源和环境的保护，等等。值得注意的是，中国的立场是取缔自1993年起生效的《南海政策纲领》，而这些规则远远没有覆盖到中国自认为拥有无可争议主权的海洋周边地区。自2013年"东海防空识别区"生效以来，并未发生任何事件。事实上韩国、日本都划定了自己的"防空识别区"，有些区域也存在着重叠，而且日本和中国台湾还曾发生过轻微的事件。

中国政策着眼点的关键在于超越美国在该地区的影响力，其中包括经济、金融、政治和军事的各个方面。为此，习近平提出了一项旨在促进贸易、运输、金融和海上合作的行动计划，合作伙伴包括印度尼西亚、马来西亚、文莱、泰国、越南等。中国的贸易态度与完全脱离 TPP 的美国截然不同。中国最好的"武器"就是人民币和经济实力，这一点在 2020 年签署的《区域全面经济伙伴关系协定》（RCEP）中便可见一斑，它的正式生效代表着全球最大自由贸易区的横空出世。

避免对抗，让广阔的海洋包容矛盾和争端，这将是中国实现设定水权的合理建议，也将因此推动和巩固业已达成的尚显脆弱的共识。

第二节 避免冒进，冷静行事

继 2015 年发布国防白皮书和 2016 年颁布军事改革办法后，中国又于 2019 年发布了新版的国防白皮书，其主要内容分别是对美国 2017 年和 2018 年先后发布的两版《国家安全战略》作出严正回应。中方的立场确定无疑：面对美国的挑衅，中国政府呼吁其克制，不要失去理性。

在对白宫和五角大楼的政策展开抨击的同时，中国也列举出一系列增强双边交流的建议作为美国策略的替代方案。与此同时，中国也对其地区竞争对手（尤其是日本、韩国和澳大利亚）提出了警告，并表示，美国的这个策略唯一目的就是导致地区局势混乱紧张、遏制中国的发展；而中国将作为该地区主要的稳定因素，使亚洲国家远离美国政策的桎梏。

对于的确使中国感到不安的"台独"问题，美国政府在不同的阵线上都在鼓励甚至煽动。

美国及其他西方国家在中国台湾问题上的介入，以及在南海有争议水域的海陆巡逻活动，都明确显示了对该地区的关注。中国一再重申，为保卫领土完整，将不惜一切代价。

关于军费开支，中国表示将不会放弃国防现代化，承诺军费预算将保持不变。数据显示，2021年中国的国防预算占国民生产总值的1.3%，而美国则占3.5%；若以年度预算为计，中国占5.3%，而美国则达到了9.8%。中国的相对"温和"也体现在另一方面：尽管是仅次于美国的第二大军费开支国，但2019年的国防预算涨幅为7.5%，低于前一年的8.1%。尽管有人对这些数据提出了质疑，但不可否认的是，虽然中国的军费预算的确有所增长，但和美国相比则远远不及。

另一个令人担忧的问题是美国打算在亚洲部署中程导弹。中国曾对美国在其周边部署导弹提出了严正警告，并敦促邻国务必谨慎考虑，不要向美国提供领土用以布防。美国指责中国破坏印度—太平洋地区的稳定，在实施"军事侵略和掠夺性的经济战略"。

中国拒绝参加《中程核力量条约》（INF），理由是中国的核武库规模与该协议的签署国美国及俄罗斯相比均存在着巨大差距。中国的可部署核弹头为320枚，而美国则达到了3800枚，俄罗斯为4312枚。

与在核问题上的"谦虚"态度一致的是，中国一贯坚持在合作框架内进行有关战略稳定问题的讨论，例如五个拥有核武国家的合作机制、裁军谈判会议、联合国大会第一委员会等，并主张通过多方合作就核军备控制问题进行沟通。

以上事实都使得中国在政治、军事、战略上的立场更易受到理解。俄罗斯一再表示，它无意在这些方面对中国施压。俄罗斯与美国和欧盟之间多有不快，更愿意与中国建立战略伙伴关系，这种关系将有助于中俄两国平衡来自"自由世界"的敌意。

中国政府坚信美国长期以来一直干涉亚太地区及世界其他地区的事务，热衷于进行军事部署，结交军事盟友。最近一版的国防白皮书对于中国的区域领导力及影响力都构成了严峻考验。目前，外交部军控司司长傅聪已然警告说，如果这种担忧在未来几年成为现实，中国将"不会袖手旁观"。2021年2月，在美国海军研究所月刊 *Proceedings* 中，美国战略司令部负责人查尔斯·理查德撰文称，"美中或美俄之间的核战争已演变为一种非常现实的可能性"。

结 论

纵观自1949年以来中国走过的转型道路，过程中一直伴随着使国际思想的主流适应本国实际的努力。中国的身份认同并没有加剧对外界的限制；相反，它是通过一种永远不与外部世界隔离的开放态度为补充的。不过，调整是必需的，这正源于一个无以反驳的要求：照搬照抄只会无路可走。

循序渐进、实事求是、兼收并蓄、视角宏观，这些已经成为了中国转型道路中呈现出来的主要特征。中国实施着自主制定的战略，而不必接受外部力量的指手画脚。

从现实出发的考量引人深思。这不仅仅是经验多样性的问题（尽管对于中国这样的国家来讲，经验的多样性是尤为凸显的），更是基于历史文化而产生的自我认同的力量。

从知名先贤如孔子、老子、孙子等，到官员体系等社会政治，再到和谐、美德、等级等组织原则，等等，中国的治理模式中的中国特色不一而足；加之中医药、中国画、诗意语言等，这些真实的存在都使中国人与中国社会独具特色。

由此，应该说中国的现代化远远超出了经济领域，并且包括了文化认同的涵义。回想过去曾发生的短暂的现代化运动曾将中国社会的滞后归咎于传统文化，但如今，这种文化身份的认同却推动了一项前无古人的宏伟规划，并将推动中国重新找回世界体系内的中心地位。这就是身份认同基础上的进步。

还有一点至关重要：自主决定发展节奏、轻重缓急、内容要点等。这种对主权的重视合情合理，能够最大程度地避免陷入对外依附的泥潭，尤其是面对霸权主义对手时就更加必要。这无疑是最为敏感微妙的方面，但却也是保持自主性和原创性的关键所在。

中国目前的最终动机是结束 19 世纪鸦片战争后开始的衰弱及其影响，以史为鉴，推动国家和社会的现代化发展。这也就意味着历史和文明因素将占据重要地位，并很有可能在经济或国际关系层面凸显出来。

结论

我们可以这样认为，中国的最终目标并非机械地取代美国或西方。这并不是一场必须分出胜负的竞赛；当然，如果一切都顺势发展的话，胜利自然是囊中之物。但中国的理想是做中国自己，这不可避免地会引发一定的紧张局势。因为按照中国的体量，很快就会产生与现实不匹配的情况。能否举重若轻地把握形势将成为解决问题的关键。

为此，中国需要更好地解释自身，以得到外部世界的理解。这不是通过恩泽来换取理解的问题，而是亟需让自己被他者接受。不要试图模仿别人强加而来的模式，那些都是不可复制的，就像是通过打开系统生态的大门来认可多样性价值一般。

简言之，中国必须走自己的路，这条有自己特色的道路还在探索之中，它必须在各个层面应对挑战的过程中被共同勾勒出来。

今天，中国的现代化进程正处于决定性阶段。从经济角度来看，发展模式的成功变化是巨大努力后令人欣喜的结果。与之前不同的是，中国将成为一个能将社会和环境要求结合起来的科技大国。

中国在确认法治的基础上，政治制度更新的独特进程同样取得了成果。习近平以一个改革者的面貌示人，他对政治体制进行了全面的整改，力图使中国共产党的领导立于不败之地。这也是他的中国梦。在"四个全面"（全面建设社会主义现代化国家、全面深化改革、全面依法治国、全面从严治党）的战略布局中，中国共产党已做好了准备，将全力以赴确保自身的领导地位和执政能力。

为了理解习近平主席领导下的中国将走向何方，我们需要首先要回溯到1921年。习近平任期内最具代表性的主题教育就是"不忘初心、牢记使命"。未来几代人仍会生活在邓小平改革开放影响下的中国；而毛泽东时代那些最艰难困苦的经历对于很多人而言只是遥远的历史。

习近平强调对于毛泽东时期和邓小平时期的政策是兼收并蓄，在意识形态上保持着连续性。因此，也有人说习近平是"回到毛泽东时代"。习近平的确亲身经历了那个时代，毛泽东去世时他时年23岁。突出某些毛泽东时代的词汇，高调举行纪念活动，正表明中国共产党人要不忘初心、牢记使命，保持党员精神。

在此出现了习近平新时代中国特色社会主义思想的两个鲜明特征：一个是民族复兴；另一个是共同富

裕。1949年开启的政治模式依旧与时俱进；相反，中国的经济状况、社会现实、国际地位等却发生了巨大的变化。一路走来，最引人注意的一个事实就是与本土文化的和解，这也融入意识形态的变化之中。

因此，中国共产党宣称，中国的独特性具有很大的原创性。即便我们将之与西方的自由主义或马克思主义等经验进行比较，恐怕能够推断出的最多的还是中共对于实现了苏联未能实现的目标而感到自豪。最重要的是，这一优越性是从效率中展示出来的，而不是通过在全球范围内树立教条而体现的。

习近平领导下的中国呈现着思想、历史、文化三股潮流的汇聚。毕竟，中共也无法避免受到本国文化力量的影响。孔子学院是国家软实力的具体表现。毫不奇怪，经济规划更应该留下儒家思想的印记，而不是苏联逻辑的影响。

以上因素的共同作用决定了中国内在变革的节奏和方向，也定位了中国在世界舞台的角色。

此外，无论我们是否愿意，由于中国的存在，世界秩序的重组将会不可避免。有人把它看成是一种报复，或许这种解释仅仅是出于内心的恶意。无论如何，我们见证了一个重大转折。面对美国的单边主义和保护主义，中国则成为全球化的倡导者。中国已经实现了经济和技术的自给自足、互为补充，以此来抵御西方的压力。中国将捍卫主权，捍卫走自己的道路的权利。

在这个新的趋势下，中国也明确表示不谋求输出自身模式。将中国的政治制度和价值观机械地移植到西方是行不通的，西方的政治价值观在中国同样不能简单发挥作用。从过去尝试过的历史经验来看，失败甚至是悲剧远比成功要多。

现在，由于全球疫情以及美国对丧失领导地位的恐惧，针对未来几年中国的经济增长模式，也许平衡距离是缓解敌对情绪继续上升的一个替代方案。乔·拜登就任美国新一届总统后，这一点恐怕也不太可能改变。

2019年9月初在中央党校的演讲中，习近平呼吁中国领导人掌握斗争的艺术，因为这个国家已经进入了一个充满风险的时期，必须做好应对意外事件的准备。这个表述的意思是中国要"长袖善舞"，以便灵活地应对意外事件，避免陷入全面和公开的对抗，同时最大限度地提高效率。